ARKANA

W0172408

## Buch

Seit jeher geben die Visionen des Johannes in der neutestamentarischen Apokalypse den Menschen Rätsel auf. Wir lesen hier: »Keiner soll kaufen oder verkaufen können, der nicht den Namen des Tieres oder die Zahl seines Namens als Zeichen und Prägung an sich trägt« (13.16-17); und weiter: »Hier spricht die Weisheit selbst. Wer Verstand besitzt, der suche den Sinn, der die Zahl des Tieres hat. Es ist die Zahl des Menschen. Und seine Zahl ist 666.« (13.18)

Frank Sunn wendet sich an alle, die Interesse an der Dechiffrierung der Zahl 666 und deren metaphysischen Zusammenhängen haben. Kernpunkt ist die Entdeckung, daß sich die Warnung des Johannes auf die heutige Zeit und die unmittelbare Zukunft bezieht. Gemeint ist die Verbindung von Warenauszeichnungs-Strichcodes, Internet und injizierbaren Erkennungschips, deren großflächiger Einsatz unmittelbar bevorsteht.

Diese Techniken führen zu Produktivitätssteigerung und Arbeitserleichterungen, werden aber auch zunehmend zu Manipulation und Kontrollzwecken eingesetzt. Frank Sunn benennt die Kräfte, die ein Orwell'sches System anstreben, und beschreibt, wie wir uns gegen diese Gefahr zur Wehr setzen können.

## Autor

Frank Sunn, Jahrgang 1947, ist in leitender Position in der Computerbranche tätig. Er studierte Mathematik und Physik mit Schwerpunkt Astronomie. Daneben forscht er seit mehr als zwei Jahrzehnten auf den Gebieten der Astrologie, der Kabbalistik und des Okkultismus. Verschiedene Aspekte dieser Wissensgebiete gibt er in Vorträgen und Seminaren weiter. Sein besonderes Interesse gilt den Möglichkeiten und Gefahren der Beeinflussung des Bewußtseins mit moderner Kommunikationstechnik.

*Bei Goldmann erscheint von Frank Sunn außerdem:*
Der Geist im Computer (21580)

# FRANK SUNN

# 666
## DIE ZAHL DES TIERS IM INTERNET

ARKANA

**GOLDMANN**

*Umwelthinweis:*
Alle bedruckten Materialien dieses Taschenbuches
sind chlorfrei und umweltschonend.

Originalausgabe November 1999
© 1999 Wilhelm Goldmann Verlag, München
in der Verlagsgruppe Random House GmbH
Umschlaggestaltung: Design Team München
Umschlagfoto: Design Team München
Redaktion: Daniela Weise
WL · Herstellung: Stefan Hansen
Satz: Uhl + Massopust, Aalen
Druck und Bindung: GGP Media GmbH, Pößneck
Printed in Germany
ISBN-10: 3-442-21550-1
ISBN-13: 978-3-442-21550-8
www.goldmann-verlag.de

4. Auflage

# Inhalt

# Das Internet als biblische Vision

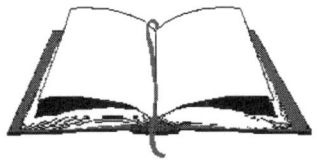

Dieses Buch hat einen ausgesprochen brisanten Inhalt. Die Zahl 666 steht in ihrer Bedeutung für bedrohliche Entwicklungen der Gegenwart, von denen die faszinierendste, beliebteste und zugleich eine der gefährlichsten das Internet darstellt. Worauf wir uns alle weltweit einlassen und was eigentlich mit dem Internet beabsichtigt ist, lesen Sie in diesem Buch. Die momentane technologische Entwicklung ist gesteuert. Das Ziel ist die totale Kontrolle der Menschheit.

In der heute bekannten Bibel, die eine Zusammenstellung verschiedenster Schriften und Überlieferungen darstellt, fällt ein besonderer Abschnitt vollständig aus dem Rahmen. Es handelt sich um einen sehr ungewöhnlichen Text, der seit Jahrhunderten Anlaß zu abenteuerlichen Spekulationen gab: die Offenbarung des Johannes, auch bekannt als Johannes-Apokalypse, Teil des Neuen Testaments.

Johannes wurde in einer Höhle auf der griechischen Insel Patmos eine Vision der Zukunft der Menschheit zuteil. Als ich im Jahre 1978 diese Höhle besuchte und – im Gedenken an den Apostel Johannes – dort meditierte, ahnte ich noch nicht, daß mich seine Vision zwanzig Jahre später noch intensiv beschäftigen und aufhorchen lassen würde.

Die mysteriöse Zahl 666 spielt in der Offenbarung des Johannes eine entscheidende Rolle. Die tiefere Bedeutung dieser Zahl hat bisher vielen Menschen ein Rätsel aufgegeben, und wir werden das Rätsel in diesem Buch in weiten Teilen lösen. Die Bibel spricht manchmal eine recht schwierige Sprache, und vielleicht sind auch Ihnen schon berechtigte Zweifel an der korrekten Bibelübersetzung und Interpretation gekommen. Sie werden nach der Lektüre dieses Buches ein völlig neues Bild vom Wahrheitsgehalt der Johannes-Apokalypse, den jetzigen Ereignissen und den fatalen Auswirkungen des Internet gewonnen haben – und hoffentlich auch sehr nachdenklich geworden sein.

Um es gleich vorwegzunehmen: Ich bin kein Bibelforscher und auch kein Mann der Kirche. Wohl aber kann ich die Entwicklungen im Computerwesen als Insider sehr gut beurteilen. Kennt man die technologischen Fakten und Entwicklungen und liest mit heutigem technischen Verständnis alte Texte wie die Johannes-Apokalypse, dann entdeckt man eine klare Schilderung gegenwärtiger Verhältnisse. Dieser Bibeltext ist voller Warnungen, die wir sehr ernst nehmen sollten.

Hätten Sie gedacht, daß in der Bibel über Bildschirmarbeit, Computervernetzung und das Internet berichtet wird? Oder über unser Warenauszeichnungssystem mit Strichcodes? Oder hätten Sie gar vermutet, daß wir überdies mit injizierten Computerchips gekennzeichnet – besser: gebrandmarkt – werden sollen und daß man auf der Erde bereits damit begonnen hat? Könnten Sie sich vorstellen, daß vieles, was wir als spontane oder normale wirtschaftliche oder technologische Entwicklung begreifen, in Wirklichkeit geplant und gesteuert wird – mit dem einzigen Ziel, aus Ihnen einen unmündigen und in seinen Lebensäußerungen total kontrollierten und überwachten Menschen zu machen? Lassen Sie sich überraschen. Nur müssen Sie wissen: Es wird eine böse Überraschung.

Das rätselhafte Tier der Offenbarung mit der Zahl 666 hat sich längst entlarvt, bereits das dritte Mal in unserer Zeit. Zuerst mit den Strichcodes für die heute übliche Warenkennzeichnung, dann durch das Internet und das »World Wide Web«, als letztes durch Computerchips, die uns allen implantiert werden sollen. Doch dazu kommen wir später.

Ursprünglich sollte dieses Buch eine neutrale Darstellung, eine Gegenüberstellung von biblischen Voraussagen bzw. deren Interpretationen und der jetzigen Wirklichkeit von Computervernetzungen und Internet werden. Beim Schreiben des Buches und beim Sammeln von Material wurde immer deutlicher, daß diese neutrale Darstellung leider den Kern der jetzigen Entwicklung nicht trifft. Wir haben es mit einer globalen, weitgehend unerkannten Gefahr zu tun, einer Entwicklung, die es gewissen herrschenden Kreisen auf der Erde möglich machen würde, die Menschheit in einer Art und Weise zu kontrollieren, wie dies noch nie in der bekannten Geschichte geschehen ist. Das Internet ist der Schlüssel hierzu. Es gilt, diese Gefahr zu erkennen und ihr zu begegnen.

Das Internet war damals dem Namen nach natürlich nicht bekannt, aber Johannes konnte in prophetischer Sicht Computerbildschirme beschreiben und auch die Abhängigkeit, in die sich die Menschheit durch die Computer begeben würde. Mit keinem Wort werden Computereinsatz und Computervernetzung als segensreiche Entwicklung beschrieben – ganz im Gegenteil. In der Johannes-Apokalypse geht es ausschließlich darum, wie auf alle Menschen, die mit einem Computer arbeiten, Macht ausgeübt wird. Die vollständige Manipulation des Menschen ist das Thema!

Seien Sie also nicht überrascht, wenn Sie in diesem Buch eine Darstellung des Internets finden werden, die gar nicht konform mit der üblichen euphorischen Darstellung der faszinierenden Vorteile und Möglichkeiten geht, die wir uns angeblich erschließen werden. Das Gesamtpaket aus Internet, Kreditkarten, Videoüberwachung und Chipmarkierung führt geradewegs in die moderne Sklaverei, in die totale Kontrolle jedes einzelnen. Obwohl diese Entwicklung offensichtlich ist, wenn man mit offenen Augen hinschaut, verhalten wir uns wie eine Schafherde, manche meinen eher noch wie Lemminge – jene Tiere, die sich in der Arktis jedes Jahr zu einer großen Herde versammeln und dann gemeinsam über die Klippen ins Meer (und in den Tod) stürzen. Wir lassen uns (fast) beliebig manipulieren und glauben denen, die uns erklären, wie groß doch die Vorteile der jetzigen Entwicklung, der Vernetzung durch das Internet, seien.

Dieses Buch ruft nicht zum Widerstand gegen Computer auf, denn die Entwicklung der Technik werden wir nicht aufhalten können. Selbst dieses Buch wurde mit Hilfe eines Computers geschrieben. Aber wie jedes Ding auf Erden hat auch die zunehmende Computervernetzung zwei Seiten: eine nützliche und eine gefährliche. Über die nützliche brauchen wir in diesem Buch nicht viele Worte zu verlieren: Die Medien sind voll des Lobes und des Überschwanges. Über die bedenklichen, gefährlichen Seiten und Entwicklungen liest man wenig, sicher aus gutem Grund.

Dies ist das erste Mal, daß Informationen veröffentlicht werden, die bislang nur in englischer Sprache oder überhaupt noch nicht verfügbar waren. Interessanterweise finden Sie die meisten Informationen heute im Internet, eben jenem Medium, das wir in seiner Gefährlichkeit entlarven wollen. Bei einer Suche über eine der sogenannten Suchmaschinen (Yahoo, AltaVista) im Internet nach dem Stichwort »666«

werden Sie zur Zeit mit 360 000 gefundenen Einträgen belohnt! Was Sie aber nicht finden werden, sind Hinweise auf die Tatsache, daß das Internet selbst ein Ausdruck und wichtigstes Instrument der bevorstehenden Entmündigung aller darstellt.

Ich will für Sie in diesem Buch aufdecken, wovor schon die Bibel warnte: Die Unabhängigkeit und die Freiheit des Menschen sind in Gefahr, mehr als jemals zuvor in der Geschichte. Seien Sie aufmerksam für das, was geschieht. Das Buch möchte Ihnen helfen, wichtige Zeichen der Zeit zu erkennen, und Ihnen eine bessere Basis für selbstbewußtes, eigenständiges Handeln geben. Letzteres war für die Herrschenden jedes Staatsgebildes schon immer unerwünscht! Sollten Sie nach dem Lesen des Buches nur etwas nachdenklicher geworden sein, ist der Zweck dieses Buches noch nicht erreicht. Dieses Buch soll Sie aufrütteln. Wenn wir alle klar verstehen, welche Absichten hinter dem Internet stehen, können wir ein geistiges Gegengewicht schaffen und selbst die derzeitige Entwicklung in die Richtung steuern, die uns richtig erscheint. Tun wir das nicht, verhalten wir uns wie willenlose Marionetten, die das Spiel einfach mitspielen. Wenn wir erst in einigen Jahrzehnten begreifen sollten, worum es in diesem Spiel eigentlich geht, könnte es zu spät sein.

# Das Internet und der PC

Sollten Sie schon ein Insider des Internets sein, können Sie dieses Kapitel gern überspringen. Für die anderen Leser ist im Folgenden ein konzentrierter Abriß über das Internet gegeben.

Das Internet mit dem World Wide Web (weltweites Netz) tritt einen unvergleichlichen Siegeszug in der ganzen Welt an. In den USA erklärte Präsident Bill Clinton 1994 zum Staatsziel, das Internet zum »Information Super Highway« (Superinformations-Autobahn) auszubauen! Bis zum Jahre 2005 solle jeder Mensch Zugang dazu haben. Durch das World Wide Web wurde das Internet multimedial, interaktiv, und das weltweite »Surfen« im Netz, der Zugang zu beliebigen, weltweit erreichbaren Informationen, wurde Wirklichkeit. Sie haben heute Zugang zu Informationen von Firmen oder von privaten Anbietern, zu Universitätsbibliotheken, Nachrichtendiensten oder Reisediensten. Gleichgültig, wo auf der Welt Sie sich befinden, und unabhängig davon, in welchem Land der Informationsanbieter zu Hause ist, können Sie sich die gewünschte Information auf den Bildschirm holen.

Das Wachstum des World Wide Web ist so gewaltig, daß jeden Tag mehr Informationen in das Netz einfließen, als ein

Mensch überhaupt aufnehmen könnte. Jede Angabe von Informationsmengen im Internet ist zur Zeit der Bekanntgabe schon wieder überholt. Anfang der 90er Jahre befanden sich etwa 30 Millionen Start-Seiten (sogenannte »home pages«) im Internet. Die jährliche Zuwachsrate betrug 1998 600 Prozent. Für das Jahr 2000 werden 150 Millionen Teilnehmer für den elektronischen Handel und 250 Milliarden Dollar Umsatz erwartet.

Die Begriffe World Wide Web und Internet werden heute fast synonym gebraucht. Auch wir werden uns in diesem Buch diesem Sprachgebrauch anschließen. Trotzdem soll kurz beleuchtet werden, was die eigentlichen Unterschiede sind.

Der Grundstein für das heutige Internet wurde in den USA durch ein militärisches Projekt begründet, das Arpanet. Wie bei vielen Computerentwicklungen und Standards in der EDV-Branche hatte auch hier das amerikanische DOD (Department of Defence, Verteidigungsministerium) seine Hand im Spiel. Im Arpanet wurden vier Universitätscomputer der USA miteinander verbunden. Die Zielsetzung war rein militärisch. Wenn im Falle eines Raketenangriffs einzelne Computer vernichtet werden sollten, dann wollte man immer noch von den verschonten Computern aus Zugriff auf den gesamten Datenbestand und auf die notwendige Rechenleistung haben. Dies war im Jahr 1969.

Drei Jahre später wurden der FTP-Dienst (File Transfer Protocol, Datei-Übertragungsprotokoll) und die E-Mail (Electronic Mail, elektronische Post) eingeführt, beides Dienste, die noch heute benutzt werden. 1983 entstand das eigentliche Internet, in dem damals erst 390 Rechner weltweit zusammengeschlossen waren und die über das TCP/IP-Protokoll[1] miteinander kommunizierten. 1990 schließlich wurde

---

[1] Protokoll = standardisierte Übertragungsweise von Daten

das World Wide Web am europäischen Forschungszentrum für Teilchenphysik CERN in Genf entwickelt. Drei Jahre später gab es den ersten grafischen sogenannten Web-Browser[2] und eine steigende kommerzielle Nutzung für das Internet, das bisher vor allem von universitären und militärischen Einrichtungen genutzt worden war. Heute findet der Benutzer im Internet vor allem kommerzielle und kulturelle Anbieter.

Das World Wide Web (und die Web-Browser) hat sich sozusagen als Konzept einer Standardbenutzeroberfläche[3] für das Internet entwickelt. Es beruht auf dem Konzept von sogenannten Webseiten, die durch Hyperlinks[4] miteinander verbunden sind. Von einer Startseite – der Homepage – bewegt sich der Benutzer durch Mausklick auf hervorgehobene Textstellen (Hyperlinks) zu den nächsten Seiten, die ihn interessieren. Das Springen von Seite zu Seite, quer durch die angebotene Informationsflut, wird als Surfen (deutsch: Wellenreiten) bezeichnet. Die verschiedenen Dienste im Internet, u. a. die Dateiübertragung und die E-Mail, sind in der Oberfläche des World Wide Web integriert. Die eigentliche, für den Benutzer sichtbare Bedienoberfläche bildet der sogenannte Web-Browser, eine Software, die heute oft in der standardmäßig gelieferten Software eines PCs enthalten ist.

Von der amerikanischen Regierung wurde das NIAC (National Infrastructure Advisory Council) gegründet, um unter anderem das Wirtschaftsministerium bei der Nutzung des Internets zu beraten. Das NIAC verfolgt bei seiner Tätigkeit fünf Ziele für das Internet:

---

[2] Benutzerprogramm, um im World Wide Web navigieren zu können (browse = herumschauen)
[3] Benutzeroberfläche = Benutzerführung auf dem Bildschirm durch Menüs, Schaltflächen, Eingabefelder, Anzeigebereiche usw.
[4] deutsch: Superverbindungen – Sprungmöglichkeiten zu anderen Informationsseiten

1. den universellen Zugang und Service zu sichern,
2. die Privatsphäre zu schützen und Sicherheit zu gewährleisten,
3. das geistige Eigentum zu schützen,
4. die elektronische Wirtschaft zu fördern,
5. Aus- und Weiterbildung zu fördern.

Uns soll im weiteren Verlauf dieses Buches vor allem der zweite Punkt beschäftigen, also der Schutz der Privatsphäre.

Was kann jeder der mittlerweile Millionen Benutzer mit dem Internet bzw. dem World Wide Web machen?

Mit dem World Wide Web erschließt sich uns eine neue Welt voller ungeahnter Möglichkeiten. Wir stehen am Anfang einer Entwicklung, die es jedem Menschen leicht machen wird, mit jedem anderen Erdenbürger in vielfältiger Art zu kommunizieren. Im Internet werden Ihnen weltweit alle gewünschten Informationen zur Verfügung stehen, unabhängig davon, ob sich der Anbieter in Italien, China oder Südamerika befindet, und unabhängig von Ihrem eigenen Aufenthaltsort.

Sie können über ein einziges Medium – den PC – fernsehen, telefonieren, mailen, faxen, einkaufen, Bibliotheken durchsuchen, Reisen buchen oder sich in den virtuellen Welten des Hyperspace[5] verlieren. Konferenzen lassen sich über das Internet abwickeln, Verträge können geschlossen werden. Sie können ganze Studiengänge absolvieren oder ganz banal Ihre tägliche Zeitung über das Internet abrufen. Von zu Hause aus können Sie Ihre Bankgeschäfte abwickeln und noch vieles mehr – dies alles von Ihrem »Alleskönner«, dem PC, aus.

---

[5] deutsch: Überraum – künstliche Welten, die über den Bildschirm »betreten« werden können

Eine Wunderwelt tut sich auf, die man mit aller Kraft fördern sollte. Alles Gesagte über das Internet klingt doch faszinierend, oder nicht? So scheint es zumindest! Zwei Zitate aus dem »Handbuch Internet und Online Dienste« sollten Sie aber schon jetzt hellhörig machen. Das eine lautet:

>    »Auch die Möglichkeiten der Überwachung sind zu klären.
>    Denn es gibt keine Privatsphäre im Internet.«

Das andere:

>    »Glauben Sie niemals, sicher finanzielle Transaktionen
>    über das Internet tätigen zu können. Das Internet ist offen
>    – kein Mensch weiß, was wirklich mit den Daten passiert,
>    während sie über das Netz transportiert werden.«

Wie kommt man in den Genuß des Internets? Ganz einfach, Sie benötigen zwei Dinge: einen PC (ab ca. DM 1500,–) und ein Modem. Ein Modem ist ein kleines Zusatzgerät, das es Ihnen ermöglicht, über Ihren Telefonanschluß Datenkommunikation zu betreiben. Solch ein Modem bekommen Sie ab ca. DM 150,–, oft ist es schon in den PC eingebaut. Das ist alles. Die notwendige Software bekommen Sie in der Regel geschenkt. Sie lassen sich bei einem sogenannten Provider[6] registrieren, und schon können Sie »surfen«, also die immensen Möglichkeiten des Internets und des World Wide Web ausprobieren.

Sie haben Gelegenheit, immer mehr Zeit am Bildschirm zu verbringen und, statt Zeitungen zu lesen, Bücher in der

---

[6] Firma, die den Internet-Zugang für Sie herstellt und deren Telefonnummer Sie anwählen müssen.

Couchecke zu schmökern oder am Bank- und Postschalter zu stehen, alles über den Bildschirm abzuwickeln. Ist doch sehr bequem, oder nicht?

Hier macht die technische Entwicklung aber noch längst nicht halt. Man arbeitet weltweit auf Hochtouren daran, ein Multifunktionsgerät zu entwickeln, das zumindest Fernseher, PC, Telefon und Fax in einem Gerät vereint. Mit diesem Alleskönner, der garantiert zu Dumpingpreisen zu haben sein wird – denn man will ja, daß sich jeder ein solches Gerät kauft –, brauchen Sie wahrscheinlich gar nicht mehr aus dem Haus zu gehen. Erste Anfänge sehen wir heute in den Video-karten für PCs, die es Ihnen erlauben, mit dem PC fernzu-sehen. Auf der anderen Seite hat man heute Boxen entwik-kelt, die als Zusatzgeräte an den Fernseher angeschlossen werden, um ihn »web-fähig« zu machen. Spätestens jetzt fällt dem kritischen Beobachter eines auf: Die scheinbare Kon-kurrenz beider Märkte, Fernseher und PC, hat lediglich ein Ziel, nämlich: »Wie bekomme ich *alle* an das Internet?«

Ein Prinzip des Internet und des World Wide Web lautet, daß *alle Informationen immer und überall jedermann zur Verfügung stehen müssen.* Sollte das eventuell heute schon auch Ihre privaten Daten, die sich auf Ihrem PC befinden, mit einschließen und die Information darüber, mit wem Sie über das Internet in private und geschäftliche Verbindung treten, und auch die Inhalte Ihrer – nun elektronischen – Briefe? Wir reden in diesem Buch nicht über Vermutungen, sondern über Fakten: Im Internet besteht bereits jetzt volle Kontroll- und Zugriffsmöglichkeit über alle Ihre privaten Daten, soweit sie auf dem PC gespeichert sind. Mehr darüber werden Sie zum Beispiel im Kapitel »Sicherheit durch Verschlüsselung?« er-fahren.

Aber bevor wir uns realen und zukünftig lauernden Ge-fahren widmen, werden wir uns im folgenden Kapitel mit einer biblischen Fabelgeschichte beschäftigen, die in mysteriöser Weise mit dem Internet und dem World Wide Web zusammenhängt.

# Drachen und Fabeltiere

In der Offenbarung des Johannes, der Johannes-Apokalypse, jenem Teil des Neuen Testaments der Bibel, der uns ausschließlich in diesem Buch beschäftigt, ist eine mysteriöse Geschichte zu finden, die in der Erwähnung der Zahl »666« gipfelt. Vielleicht ist sie Ihnen noch von früherem Lesen ein Begriff. Sie erzählt von Göttinnen, Engeln und Drachen. Das Verrückte daran ist, daß diese Geschichte von uns allen handelt! Hier folgt die Geschichte in einer kurzen Nacherzählung:

»In den himmlischen Welten erschien eine strahlende Göttin. Sie war hochschwanger. Ihre Gestalt leuchtete wie eine Sonne, unter ihren Füßen war der Mond zu sehen, und sie war mit einer Krone aus 12 Sternen gekrönt. Die Geburt ihres Kindes stand kurz bevor.

Da näherte sich ein riesiger, feuerroter Drache der Göttin, um ihr Kind sofort nach der Geburt zu verschlingen. Der Drache hatte 7 Häupter, auf jedem Haupt eine Krone und 10 Hörner. Er hatte mit seinem Schweif ein Drittel aller Sterne vom Himmel gefegt und auf die Erde geworfen.

Die Göttin gebar einen Sohn, der ein geistiger Führer der Menschheit werden sollte. Das Kind wurde sofort nach der Geburt von himmlischen Wesen in Sicherheit gebracht, an einen höheren, heiligen Ort. Die Frau aber floh in die Wüste, denn der Drache verfolgte und bedrohte beide.

Der Drache wurde daraufhin von Michael, einem himmlischen Anführer, bekämpft. Michael versammelte alle seine Engel um sich, der Drache aber kämpfte inmitten der seinigen Heere. Nach einiger Zeit reichten die Kräfte des Drachens nicht mehr aus, und er wurde mitsamt seinem Heer auf die Erde gestürzt.

Auf der Erde angekommen, verlor der Drache keine Zeit und begann unverzüglich, die Göttin zu verfolgen, der er schon von Anfang an das Kind hatte nehmen wollen. Der Göttin aber wurden Flügel verliehen, so daß sie sich an einen sicheren Ort retten konnte. Daraufhin ließ der Drache aus seinem Maul einen Wasserstrom fließen, um sie darin zu ertränken. Die Erde aber kam der Frau zu Hilfe und trank den Wasserstrom, so daß er der Göttin nichts anhaben konnte.

Jetzt richtete der Drache seinen Zorn gegen alle, die der Göttin huldigten. Das waren diejenigen, die sich an wahrhaften und edlen Lebenszielen ausrichteten.

Aus dem Meer stieg darauf ein Tier mit sieben Häuptern und zehn Hörnern, jedes Horn mit einer Krone geschmückt. Auf allen seinen Häuptern standen Namen der Feindschaft gegen den Geist. Der Körper des Tieres sah merkwürdig aus, denn es sah aus wie ein Panther, hatte Füße wie ein Bär und das Maul eines Löwen.

Dem Tier wurden vom Drachen all seine Macht und Kraft übertragen. Die Menschheit betete den Drachen an, weil er dem Tiere solche Macht verleihen konnte. Alle beteten ebenso das Tier an und verliehen ihm einen Mund, woraufhin es anfing, Worte der Feindschaft gegen den Geist zu sprechen. Es schleuderte Verwünschungen gegen die göttliche Welt und alle ihre Bewohner und gegen alle Menschen, die ein gottergebenes Leben führten. Es hatte die Macht, diese Menschen zu besiegen und die ganze Erde zu beherrschen. Das einzige, was den guten Menschen weiterhalf, war ihre ausdauernde Kraft und der Glaube an den letztendlichen Sieg des Guten.

Jetzt stieg ein zweites Tier aus der festen Erde. Es hatte zwei Hörner, so daß es fast wie ein Lamm aussah, aber seine Sprache war die eines Drachen. Bei allem, was das erste Tier tat, wirkte es magisch vor dessen Angesicht mit. Dieses zweite Tier sorgte dafür, daß alle Menschen das erste Tier anbeteten. Es kann Wunder vollbringen, wie z. B. Feuer vom Himmel holen, und es führt alle Erdenbewohner in die Irre.

Es sorgt dafür, daß dem ersten Tier ein Bildnis errichtet wird und daß ihm ein Geist eingegossen wird, so daß es sprechen kann. Seine einzige Absicht ist zu bewirken, daß alle das erste Tier anbeten, und diejenigen, die das nicht tun, den Tod finden.

Es bewirkt auch, daß sich alle das Zeichen des Tiers auf die Stirn oder die rechte Hand prägen und niemand irgend etwas kaufen oder verkaufen kann, es sei denn, daß er diese Prägung trägt. Dieses Tier hat die Zahl 666, und es ist gleichzeitig die Zahl des Menschen.

Die himmlischen Bewohner begannen, alle Menschen zu warnen, daß diejenigen mit der Prägung des Tiers auf Stirn oder Hand grauenhafte Qualen durch Feuer und Schwefel ertragen müßten, und das über viele Äonen. Dies würde allen geschehen, die die Prägung des Namens angenommen haben oder sein Bild anbeten. All jene bekommen ein böses, Unheil verbreitendes Geschwür.

Nach vielen Katastrophen, die sich auf der Erde ereigneten, und bösen Vorzeichen, die erschienen, verfinsterte sich das Reich des Tieres, und die Menschen zerbissen sich vor Qual ihre Zungen. Aus dem Rachen des Tieres und des Drachens entstiegen drei dämonische Geistwesen in der Gestalt von Fröschen. Sie begannen, alle Könige der Erde zu einem großen Kriege zu versammeln, zu einer letzten Schlacht des Guten gegen das Böse an der Stätte Harmageddon.«

Dieses Märchen, kurz zusammengefaßt, über Drachen und seltsame Tiere klingt eigentlich nicht so, als ob es mit der Jetztzeit oder irgendeinem realen Geschehen zu tun hätte. Schließlich haben die Gebrüder Grimm und andere Märchenerzähler mit Ähnlichem aufzuwarten, und man spricht heute den Märchen eigentlich eher eine symbolische Bedeutung zu, die innere Prozesse auf dem Lebensweg des Menschen beschreiben sollen.

In diesem Falle handelt es sich aber um eine Offenbarung, um Ereignisse, die kommen sollen. Haben diese Darstellungen wirklich nur Symbolcharakter? Aufschlüsse darüber und was die Geschichte wirklich bedeutet, werden wir in den nächsten Kapiteln geben, und Sie werden erstaunt sein!

# Wie hätte man vor 2000 Jahren einen PC beschrieben?

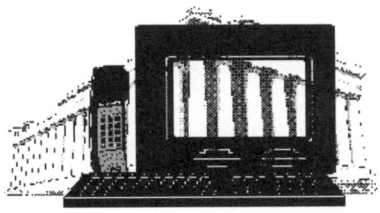

Wie kommen wir darauf, daß in der Johannes-Apokalypse in prophetischer Sicht tatsächlich von Computerbildschirmen berichtet wird?

In der Archäologie und Altertumsforschung begegnen wir zunehmend dem Phänomen, daß frühere Fehlinterpretationen von Texten (z. B. der Bibel) und Artefakten erst dadurch korrigiert werden konnten, daß unsere derzeitige technologische Entwicklung einen Stand erreicht hat, der völlig andere, zum Teil revolutionierende Schlüsse zuläßt.

Es wird deutlich, daß die Geschichte der Menschheit und der Hochkulturen wesentlich weiter zurückgeht, als man bisher angenommen hat. Weiterhin hat es allen Anschein, daß wir uns nicht in einem stetigen Aufwärtstrend seit der Steinzeit befinden, sondern daß sich ständig Phasen kultureller Blüte und hochentwickelter Technik mit entgegengesetzten Phasen des Niedergangs abgewechselt haben. Demzufolge befinden wir uns technologisch nur in einem Aufwärtstrend einer historischen »Wellenbewegung«.

So wurden kleinere Gegenstände, die man zum Beispiel in den ägyptischen Grabkammern, aber auch in südamerikanischen Ruinen gefunden hatte, als Kultgegenstände klassifiziert – bis man in diesem Jahrhundert das Flugzeug erfand. Mit diesem neuen Wissen stellte man fest, daß die Archäologen perfekte, aerodynamisch richtig gestaltete Flugzeugmodelle gefunden hatten! Ein anderes Beispiel sind alte indische Schriften, in denen Götterkriege dargestellt sind. So zumindest urteilte man im letzten Jahrhundert, als diese Schriften ins Englische und Deutsche übersetzt wurden. Mit dem heutigen Wissen noch einmal übersetzt und interpretiert, liest man erschreckende Darstellungen von Atomkriegen und Raketenangriffen!

Die Bibelübersetzung hat ein ähnliches Schicksal erlitten. Wir finden in der Bibel sowohl Schilderungen aus der Frühzeit der Menschheit, die erwiesenermaßen falsch und irreführend übersetzt sind[1], als auch prophetische Aussagen, die ohne ein Wissen über die konkrete Zeitperiode und ihren technischen und kulturellen Stand sinnlos bleiben müssen. So auch die Apokalypse des Johannes. Dazu kommt die Schwierigkeit eines Sehers wie Johannes, in einer prophetischen Sicht zukünftige Gegebenheiten korrekt, aber mit einem vollständig unzureichenden Vokabular darstellen zu müssen.

Versetzen wir uns einmal in die Zeitenwende vor ca. 2000 Jahren zurück. Wir finden eine Gesellschaft vor, die weitestgehend von Ackerbau und Viehzucht lebt. Das Bildungsniveau der allgemeinen Bevölkerung ist katastrophal, die Lebenserwartung gering.

In dieser Zeit, wie zu allen Zeiten, gibt es einige wenige außerordentlich begabte Menschen, Seher, denen die Zukunft oder Ausschnitte daraus gezeigt werden. Diese Seher warnen vor möglichen kommenden Ereignissen. Oft werden sie nicht

---

[1] Der Autor Zecharia Sitchin liefert hierzu hervorragend recherchiertes Material (siehe Literaturverzeichnis).

ernst genommen, weil ihre Aussagen unbequem sind oder weil ihre Zeitgenossen einfach nicht die Voraussicht oder das Vorstellungsvermögen haben, daß die geschilderten Ereignisse eintreten könnten. Und ein Zeitpunkt für ein Ereignis wird bei solchen »Gesichten« fast nie angegeben.

Um es gleich vorwegzunehmen: Wenn man vor 2000 Jahren in einer Vision, wie es Johannes geschah, Hunderte und Tausende von Menschen starr in einen Bildschirm schauend wahrnimmt, wie könnte man als religiös und spirituell orientierter Mensch anders denken, als daß all diese Menschen ein Bild anbeten, noch dazu ein Bild, das sprechen kann, wie es die heutigen PCs ja durch Sprachausgabe bereits tun?

Angenommen, unser Seher, in diesem Fall der Prophet und Christus-Jünger Johannes, sieht außerdem eine Welt des Rationalismus kommen, eine durch und durch materiell orientierte Welt. Eine Welt, die für einen spirituellen Menschen und Träger der Lehre Christi absolut bedrohlich erscheinen muß, da alle geistigen Werte vom Verfall bedroht sind. Wie würde er eine solche Welt und einen solchen Zeitgeist beschreiben? Wie wäre es mit einem riesigen Ungetüm, bedrohlich und furchteinflößend? Ein solches Ungetüm ist der Drache, seit alters dem Menschen feindlich gesinnt, heimtückisch und schwer zu bekämpfen.

Jetzt stellen wir uns weiter vor, dieser Drache, als Zeitgeist, bringt nicht nur eine technisierte Welt hervor, sondern als letzte aktuelle Entwicklung Computersysteme und Vernetzungen: ein »Fabelwesen«, das in alle Richtungen seine Hälse und Köpfe reckt. Bedenken wir: Johannes lebte in der Zeit vor 2000 Jahren. Wie wollte er technische Entwicklungen und die heutige Geisteshaltung des Menschen beschreiben? Dies war in seiner Zeit unmöglich, es sei denn, er nahm Bilder und Symbole zu Hilfe, zumindest aber ein zur damaligen Zeit gebräuchliches Vokabular.

Drachen und Tiere den richtigen Phänomenen unserer Gegenwart zuzuordnen wurde zum einen dadurch möglich, daß die entsprechenden Abschnitte der Apokalypse direkt vor der Erwähnung der Zahl »666« erscheinen, die unter anderem im Kapitel »666: Die Zahl des Tiers« analysiert wird. Diese Zahl begegnet uns heute in vielfältiger Weise mit allen negativen Auswirkungen, die in der Bibel schon erwähnt werden. Zum anderen hat die technische Entwicklung erst jetzt einen solchen Stand erreicht, daß die damaligen Voraussagen verständlich werden können.

Anschließend an die Schilderung des Drachens beschreibt die Apokalypse ein Tier, ebenfalls mit vielen Hälsen und Köpfen, das aus dem Meer emporsteigt. Wasser, oder das Meer, wird seit jeher als Symbol für den unerschöpflichen Geist des Menschen, das kollektive Bewußtsein, aber auch seine Kreativität verwendet. Übersetzt bedeutet dieses Bild: Der Zeitgeist schafft eine Technologie, deren Einheiten (Computer) die Tendenz haben, sich zu vernetzen, erst in kleinem Maßstab, dann weltweit. Diese Interpretation wollen wir uns nachfolgend verdeutlichen.

Abbildung 1 zeigt Ihnen – beispielhaft – ein modernes mehrgeschossiges Bürogebäude, das in seinem Erdgeschoß ein großes Rechenzentrum mit einem oder mehreren Großrechnern besitzt. Außerdem befinden sich in jeder Etage Rechner mittlerer Leistungsfähigkeit, sogenannte Abteilungsrechner oder Server, und in allen Räumen finden wir Rechner auf den Schreibtischen, entweder einfache Bildschirme oder Workstations bzw. PCs. Alle Arbeitsplatzsysteme sind über die Abteilungsrechner mit den Großrechnern im Rechenzentrum verbunden. Dies war in den letzten Jahren vor dem Aufkommen des Internets und ist zum großen Teil auch noch heute die typische EDV-Situation in größeren Firmen.

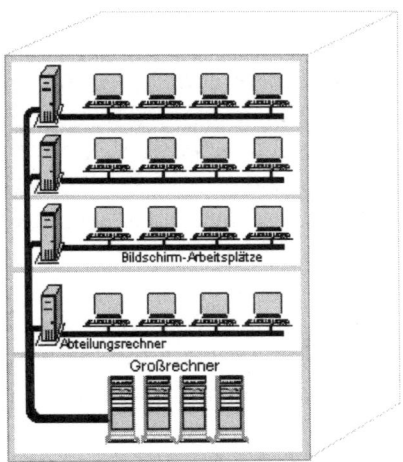

Bildschirm-Arbeitsplätze

Abteilungsrechner

Großrechner

*Abb. 1: Rechnervernetzung in einem Bürogebäude*

Sie haben ein kleines Netzwerk vor sich, das mit seinen Verkabelungen und Geräten wie ein Nervensystem, wie ein lebendiger Organismus aussieht, wenn Sie sich mit ein wenig Phantasie die Mauern und übrigen Gebäudeteile wegdenken. Dieser Organismus, dieses »Tier«, besitzt Intelligenz, es fließen »Nervenströme«, die Bildschirme fangen an zu sprechen (Sprachaus- und -eingabe), die Bediener sitzen »anbetend« (so steht es in der Johannes-Apokalypse) davor. Sie befinden sich sehr konkret in den Fängen dieses »Büro-Tieres«. Wie gesagt: Denken Sie an das Vorstellungsvermögen eines Menschen vor 2000 Jahren! Sie arbeiten bildschirm-kanalisiert, d. h. ihr Arbeitsablauf wird zunehmend durch die Software des Computers gesteuert, und Schreibtischarbeit wird durch Bildschirmarbeit ersetzt. Bald werden sie mit einem PC oder über den Bildschirm telefonieren usw. Die Kette ließe sich beliebig fortsetzen. Der Bildschirm bestimmt mehr und mehr ihren Büroalltag und, wie wir sehen werden, auch ihr Privatleben. Zugleich werden sie in zunehmendem Maße überwacht. Gespräche mit anderen werden firmenintern und -extern durch elektronische Mails ersetzt, die von anderen gelesen und nach Inhalten automatisch gefiltert werden können. Es finden bereits jetzt in vielen Firmen Tätigkeitskontrollen statt, da sehr genau über Spezialsoftware verfolgt werden kann, was jeder am Bildschirm tut (siehe das Kapitel »Wie schütze ich mich?«).

Warum haben wir dieses Beispiel gewählt, da wir doch eigentlich das Internet zum Thema haben? Ganz einfach: Die oben geschilderte Situation der Computervernetzung im Bürogebäude, die wir schon seit etwa 20 Jahren kennen, ist ein Vorläufer des Internets im kleinen. Weltweit entstehen immer größere Rechnerverbunde, die sich wiederum zu einem weltumfassenden »Tier« vernetzt haben: dem Internet und dem World Wide Web. Und in der Tat: Lassen wir wieder unsere Vorstellungskraft walten und denken uns alle sonstigen Schöpfungen auf der Erdoberfläche für einen Moment fort, und es sollen nur die Computervernetzungen, die Rechenzentren und die Endgeräte (Bildschirme, PCs) stehen bleiben, dann sehen wir uns einem weltumfassenden Wesen gegenüber, eigentlich eher einer Spinne mit ihrem Spinnennetz: World Wide Web heißt ja auch in der Übersetzung: weltumfassendes Netz.

Aber in der Zukunft wird nicht nur Ihr Büroalltag durch den Bildschirm bestimmt sein, sondern auch Ihr Privatleben! Diese Fremdbestimmung wird so zunehmen, daß Ihre Existenz – Geld, Bürgerrechte, Privatsphäre – in starkem Maße vom Internet in Kombination mit der Kreditkarte oder Smart Card abhängen wird (siehe das Kapitel »Das Mal: Kreditkarten und Körperausweise«). Dem Staat wird nichts mehr verborgen bleiben. Sie werden gänzlich kontrollierbar und manipulierbar. Warum, das werden wir in diesem Buch untersuchen.

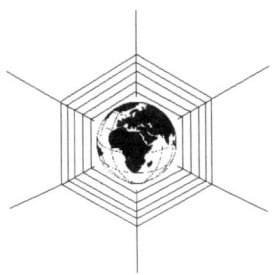

*Abb. 2: Erde mit World Wide Web (weltumfassendes Netz)*

Dieses Computer-Netzwerk ist auch kein neutrales Netz, sondern es lebt[2] und wächst. Die Intelligenz der Computer nimmt von Jahr zu Jahr zu, immer mehr »Denkleistung« und auch Entscheidungskraft wird auf die Computer übertragen. Einige Autoren sprechen bereits davon, daß die Menschheit im Begriff steht, sich eine riesige Maschine zu bauen, ein Netzwerk aus Rechnern, das alle Computer dieser Welt umfaßt.

Ist es nicht naheliegend, daß ein Seher vor 2000 Jahren solch ein nie zuvor gesehenes Gebilde als »Tier« beschreibt? Dieses Tier hat alle Vollmachten und Fähigkeiten des Drachens, des Zeitgeistes, so wie er in der Bibel benannt wird. Wie ist das zu verstehen?

---

[2] Computer sind nicht unbedingt leblose Maschinen. Sie besitzen einen gewissen Intelligenzgrad, auch wenn sie im Moment scheinbar nur das tun, was wir von ihnen wollen. Hier sprechen wir allerdings von einem sehr weit gefaßten Intelligenzkonzept, das nicht nur auf organische Lebewesen zutrifft. Man spricht heute von primitiven Intelligenzformen, die auch unbelebte Materie mit einschließt. Generell sagt diese Theorie, daß jede Struktur, sei es ein Kristall, ein Metall, ein Stein oder ein Rechner, eine gewisse Intelligenz besitzt. Je komplexer die materielle Struktur ist, desto höher ist der Intelligenzgrad. Computer haben sogar ein künstliches »Nervensystem« und dementsprechend einen ausgesprochen hohen Intelligenzgrad, verglichen mit unbearbeiteten Metallen oder anderen Grundstoffen.

Die heutigen Computer und Computernetzwerke mit ihrer Softwaretechnologie sind ein Resultat des mechanisch-rationalen Denkens. Es wird heute versucht, die Umwelt und alle täglichen Vorgänge rational zu erfassen und in Software zu »gießen«. (Bitte entschuldigen Sie den Sprachgebrauch, man merkt mir meine Vergangenheit in der Softwarebranche an.) Es gibt heute fast kein Büro, das noch ohne Computer auskommt. Der Umsatz mit Heim-PCs nimmt von Jahr zu Jahr zu, und die Industrie versucht mit Macht, in jeden Haushalt einen PC zu verkaufen. Die Computer-Zeitschrift PC-Direkt (6/99) berichtet, daß im Jahre 1999 bereits 31,4 Prozent der deutschen Haushalte mit einem PC ausgerüstet sind. Nach einer Schätzung des Statistischen Bundesamtes sind 17 Millionen Computer im Besitz von Privatleuten.

Alles soll in Zukunft über die PCs abgewickelt werden: Briefe und Faxe, Telefonate, Fernsehen, Einkäufe, Bankgeschäfte und vieles mehr. Ein Triumph des menschlichen Geistes, ein beginnendes Kommunikationszeitalter ohnegleichen, in dem Sie mit aller Welt über Ihren Bildschirm in Verbindung treten können. Die Menschen staunen über die neuen technischen Möglichkeiten, insbesondere die Jugend, sie ist fasziniert und oft nur zu willig, diesem neuen Trend sofort zu folgen.

In der Johannes-Apokalypse wird dieser Trend als Bewunderung und Anbetung dargestellt. Und es wird auch gesagt, daß keiner gegen dieses Tier anzugehen wagt. Ist nicht auch das sehr zutreffend? Wer es heute wagt, sich gegen diesen Trend zu stellen, ist out, wird nicht beachtet, oftmals werden seine Artikel nicht publiziert, oder zumindest geht diese schwache Gegenwehr im lautstarken Jubelschrei für die neue Technik unter.

Aus der Computertechnologie, dem ersten Tier, entwickelt sich ein zweites Tier, unter Umständen eine Technologie, die wir noch zu erwarten haben. Die Menschen errichten dem ersten Tier Bildnisse, die sie anbeten. Stellen wir uns wiederum vor, ein Mensch vor 2000 Jahren bekommt einen Einblick in ein Großraumbüro der heutigen Zeit, in dem alle dort anwesenden Menschen kaum reden, aber schweigend in Bildschirme sehen (oder starren). Sieht es nicht wie hingebungsvolle Anbetung aus? Und diese Bildschirme fangen auch noch an zu reden, das ist nämlich die neueste technische Entwicklung. Auch dieses steht so in der Bibel beschrieben: *»Es sorgt dafür, daß dem Bilde des Tieres ein Geist eingegossen wird, so daß es sprechen kann!«*

Bevor wir weiter in die spannenden Details und größeren Zusammenhänge gehen, werden wir uns jetzt mit der Original-Bibelstelle (in deutscher Übersetzung) aus der Offenbarung des Johannes beschäftigen.

# Die Offenbarung des Johannes

Zum Verständnis der folgenden Bibelstelle und ihrer notwendigen Neuinterpretation fassen wir das Wesentliche über die Symbolik und den Sprachgebrauch vor 2000 Jahren zusammen:

Das *Meer* war seit jeher ein Symbol für das kollektive Unbewußte des Menschen (siehe die Erkenntnisse des Psychologen C. G. Jung) oder ein Symbol für die unergründlichen Tiefen des menschlichen Geistes, aber auch für seine Kreativität und Emotionalität.

Mit *Geist* war immer die spirituelle und göttliche Seite des Menschen gemeint, also nicht der verstandesmäßige Anteil seiner Gehirnfunktion. Die Menschheit entwickelt sich nicht nur intellektuell, sondern auch geistig-spirituell und muß dieses gegen gewaltige Widerstände tun. Ein rein rationales Denken, ein pur wissenschaftliches Weltbild, wie wir es heute hervorgebracht haben, ist in sich schon eine Strömung, die der beabsichtigten spirituellen Weiterentwicklung des Menschen nicht unbedingt entspricht oder nur eine Zwischenstufe darstellen kann.

*Feindschaft gegen den Geist* des Menschen ist immer das,

was ihn einengt, versklavt und manipuliert, ihn also nicht freiläßt.

Das *Tier* ist das als lebendig gesehene Wesen eines Computernetzwerks mit den Bildschirmen als Endgeräten. Dieses Tier kann sprechen, und die Menschen sitzen fasziniert davor (»beten es an«).

Der *Drache* ist der Zeitgeist, der das rein rationelle, sachliche Denken hervorbringt und die spirituelle und seelische Seite des Menschen ignoriert bzw. sie unterdrückt.

| Bibeltext | Neue Übersetzung/ Interpretation |
|---|---|
| **13.1–4** Und ich sah ein Tier aus dem Meere emporsteigen. Das hatte zehn Hörner und sieben Häupter und trug auf den Hörnern zehn Kronen, und auf seinen Häuptern standen Namen der Feindschaft gegen den Geist. Das Tier, das ich sah, glich einem Panther, aber es hatte Füße wie ein Bär, und sein Maul war wie das eines Löwen. | *Und der Plan für ein Computernetzwerk entstieg dem kollektiven Bewußtsein und realisierte sich…* *… Leitgedanke und Motiv dahinter waren die Feindschaft gegen den freien Geist, das Spirituelle im Menschen.* |
| Und der Drache übertrug ihm seine Kraft und seinen Thron und große Vollmacht. Eines seiner Häupter schien tödlich verwundet zu sein, aber seine Todeswunde wurde geheilt. Die ganze Er- | *Die wahren Herrscher dieser Welt statteten das Netzwerk mit allen erdenklichen Möglichkeiten aus.* |

denwelt folgte voll Bewunderung dem Tiere nach. Alle beteten den Drachen an, weil er dem Tiere eine solche Vollmacht gab.

*…Alle Staaten der Erde waren fasziniert von den Möglichkeiten des Netzwerks. Sie priesen den Technikgeist dahinter, der ein solches machtvolles Netzwerk erschaffen hatte.*

### 13.7–8

Und es wurde ihm die Kraft gegeben, gegen die geistergebenen Menschen einen Krieg zu entfesseln und sie zu besiegen. Übermacht wurde ihm gegeben über alle Stämme und Völker und Sprachen und Rassen.

*Die neue Strömung, dieses Netzwerk überall zu implementieren, war so mächtig, daß alle dem wahren Geist ergebenen Menschen dagegen ohnmächtig waren. Das Netzwerk sollte alle Völker, Sprachen und Rassen versklaven.*

Alle Bewohner der Erde werden das Tier anbeten, obwohl sein Name niemals eingeschrieben war in das Buch des Lebens…

*Alle Bewohner der Erde werden vor seinen Bildschirmen sitzen, obwohl es nie ein echtes Wesen im Sinne einer göttlichen Schöpfung war.*

## 13.11–13

Und ich sah ein zweites Tier. Das stieg aus der festen Erde empor und hatte zwei Hörner, so daß es ähnlich aussah wie ein Lamm, aber seine Sprache war wie die eines Drachen.

*Und ich sah eine zweite Erfindung: die weltweit auf den Netzendgeräten (PCs) laufende Software. Diese Software machte einen harmlosen Eindruck, aber der steuernde Geist dahinter war der der angestrebten Weltherrschaft.*

Bei allem, wozu das erste Tier Vollmacht hat, wirkt es magisch mit vor dem Angesicht desselben. Es bewirkt, daß die Erde und alle ihre Bewohner das erste Tier anbeten, dessen tödliche Wunde geheilt wurde.

*Bei allem, was das Netzwerk kann, wirkt der PC als integrierter Bestandteil mit und liefert die visuelle Kommunikation. Alle Bewohner der Erde sehen in die Bildschirme.*

Und es vollbringt große magische Taten. Es holt sogar Feuer vom Himmel und läßt es vor den Augen der Menschen auf die Erde herniederfahren.

*Computer-Steuerungen können sogar noch mehr: Sie können Raketen, Bomben und sonstiges Kriegsmaterial steuern und zur Explosion bringen.*

## 13.14–15

Es führt die Bewohner der Erde irre, durch die Wunder, die es vor dem Angesicht des ersten Tiers zu tun vermag.

*Die PC-Software leitet die Bewohner der Erde durch die scheinbar phantastischen Möglichkeiten, die es bietet, in die Irre.*

Es bewirkt durch seine Worte, daß die Bewohner der Erde dem Tiere, das die Schwertwunde hatte und doch am Leben blieb, ein Bildnis errichten.

*Die technische Begeisterung, Medien und Werbung machen es möglich, daß alle das Computer-Netzwerk über Bildschirme nutzen wollen, obwohl seine Risiken und Informationslecks bekannt sind.*

Es sorgt auch dafür, daß dem Bilde des Tieres ein Geist eingegossen wird, so daß es sprechen kann. Das tut es, weil es will, daß alle, die das Bild des Tieres nicht anbeten, den Tod finden.

*Die Software sorgt dafür, daß der PC mit Sprach- und Denkfähigkeiten ausgerüstet wird. Diese Rundumausstattung zu einem Universalgerät wird deshalb vorangetrieben, damit die Menschen alle Aktivitäten nur noch hierüber abwickeln. Ohne die PC-Nutzung verlieren sie ihre Existenz.*

13.16–17

Weiterhin bewirkt es, daß alle, Kleine und Große, Reiche und Arme, Freie und Unfreie, sich ein Zeichen auf die rechte Hand oder auf die Stirn prägen.

*Weiterhin bewirkt das System bzw. seine Betreiber, daß jeder Mensch auf Stirn oder Hand eine Markierung (Laser oder Mikrochip) erhält statt der bisherigen Ausweise.*

Keiner soll kaufen oder verkaufen können, der nicht den Namen des Tieres oder die Zahl seines Namens als Zeichen und Prägung an sich trägt.

*Nur mit dieser Markierung ist es einem Menschen erlaubt, zu kaufen oder zu verkaufen.*

## 13.18

Hier spricht die Weisheit selbst. Wer Verstand besitzt, der suche den Sinn, den die Zahl des Tieres hat. Es ist die Zahl des Menschen. Und seine Zahl ist 666.

*Die Abkürzung des weltweiten Netzes ist »www«. Der Zahlenwert dieser Buchstaben ist 666. Dies ist auch die Zahl einer menschlichen Entwicklungsstufe.*

In den nächsten Kapiteln werden wir im Detail die einzelnen Aussagen der Prophezeiung beleuchten. Sie werden wahrscheinlich überrascht sein, wie weit die in der Bibel vorausgesehene, für den Menschen fatale Entwicklung schon Realität geworden ist. Wir werden aber auch untersuchen, wie wir uns nicht nur schützen, sondern auch die Ereignisse in eine konstruktiv positive Richtung lenken können.

# Die biblische Warnung vor dem Internet

In den im vorhergehenden Kapitel vorgestellten und neu interpretierten Textstellen der Offenbarung begegnen uns drei spannende, zum Teil auch beunruhigende Phänomene, die schon vor 2000 Jahren von Johannes gesehen wurden:

- Computernetze und Bildschirme, an denen die Menschen arbeiten werden (vor denen sie »anbetend« sitzen und die ihr ganzes Leben bestimmen),
- ein Mal auf Hand oder Stirn, das als Ausweis dient und zum Kaufen und Verkaufen berechtigt,
- und die Zahl des Tiers »666«, die Zahl des Menschen.

Alle drei Themen gehören zusammen, sind Entwicklungen des rationellen, materiell orientierten Geistes und werden in der Offenbarung als Fehlentwicklung hingestellt, die darin endet, daß die Menschen, die sich dem Tier unterordnen, wahre Höllenqualen auszustehen haben werden.

Beschäftigen wir uns in diesem Kapitel zuerst mit dem Internet und dem World Wide Web. Wo könnten die Gefahren liegen? Das Netzwerk an sich bietet aus heutiger Sicht gewaltige Vorteile. Wir werden Zugang zu Informationen erlangen können, von denen wir bis heute nur geträumt haben. Von zu Hause aus werden wir alle möglichen Geschäfte und Transaktionen erledigen können, viele Menschen werden von zu Hause aus arbeiten können, wenn sie das möchten.

Ich will mit Ihnen zusammen eine Vision entwickeln, die auf dem aufbaut, was heute schon zu erkennen ist, was als technologische Entwicklung schon zur Verfügung steht und was heute als Absichtserklärung nachzulesen ist. Sie werden sehen, in welche gewaltige Falle wir uns hineinbegeben könnten!

Heute hat noch jeder Mensch die Wahl, ob er einen PC haben möchte oder nicht. Hat er einen PC zu Hause in Gebrauch, hat er außerdem die Wahl, ob es ein eigenständiges Gerät sein soll oder ob er »ans Netz« geht. Diese Wahl wird er bald nicht mehr haben! Die Bedienoberflächen (z. B. Windows der Firma Microsoft) werden bereits jetzt so gebaut, daß der Internetzugang einen integrierten Bestandteil darstellt. Das heißt, es ist dadurch gar nicht mehr ersichtlich, ob man auf lokale (im eigenen PC) oder netzweite Ressourcen zugreift. Mit Ressourcen sind entweder Programme gemeint oder irgendwelche Dokumente oder sonstige Informationen.

Man arbeitet daran, die Softwareprodukte so zu bauen, daß sie gar nicht mehr vollständig auf dem eigenen PC laufen, sondern nur Teile sich auf dem eigenen PC befinden, andere Teile aber aus dem Internet geladen werden. Der Hauptbestandteil der Software läuft auf irgendeinem entfernt stehenden Netzrechner. Diese Entwicklung bedeutet auch, daß in Zukunft keine Software mehr auf Disketten oder CDs ausgeliefert wird, wie das heute der Fall ist, sondern daß sie nur noch über das Netz installiert werden kann! Jetzt versuchen Sie einmal, ohne Netz auszukommen.

»Macht nichts!« werden Sie sagen, das Netz bietet doch

nur Vorteile. Weit gefehlt, muß man leider sagen. Es ist heute kein Geheimnis mehr, daß das Internet so viele Sicherheitslücken hat, daß ein Spezialist oder auch Hacker in jeden PC »hineinkommt«, das heißt, man kann sich von außen Zugang zu Ihrem PC verschaffen. Über eine führende Softwarefirma wird das übrigens schon jetzt behauptet. Angeblich kontrolliert sie über das Internet, welche Softwareversionen Sie installiert haben (das gilt im Moment noch für den Fall, daß Sie einen entsprechenden Software-Update-Vertrag mit der Firma abgeschlossen haben). Sie werden bei der Installation eines Produktes dieser Firma zum Beispiel folgendermaßen »eingeladen«, Ihren PC für den Zugang von außen zu öffnen: »... Setup wurde erfolgreich abgeschlossen. Wenn Sie ein Modem besitzen, können Sie nun auf ›Online-Registrierung‹ klicken, um Ihre neue Software bequem von Ihrem Computer aus bei... zu registrieren.« In diesem Moment haben Sie Ihren PC für das Internet und die Suchprogramme der Softwarefirma geöffnet und wissen nicht mehr, was bei Ihnen eigentlich alles abgeprüft wird. Erstaunlich ist, daß meines Wissens die Anwender noch nicht gegen solche Praktiken protestiert haben bzw. Anzeige erstattet haben, wenn sie denn tatsächlich stattfinden. Schließlich würde es sich um unerlaubtes Eindringen in die Privatsphäre handeln, auch wenn der abgeschlossene Vertrag dies vielleicht erlaubt. Fest steht, daß es jedem Diensteanbieter im Internet, dessen Seite (»Web Page«) Sie aufrufen, möglich wäre, sich einen Überblick über die auf Ihrem PC installierte Software zu machen (siehe auch das Kapitel »Viren und Trojanische Pferde«).

Rechtsanwalt J. Bradley Young aus St. Louis berichtete über die Praktiken bei einem inzwischen nicht mehr aktuellen, aber durchaus noch verwendeten Betriebssystem auf PCs: »Es wurde entdeckt, daß der neue Registrierungs-›Wizard‹, der in das Betriebssystem eingebaut ist, tatsächlich die Hardware des Benutzers durchsucht, die Hardware- und Software-Informationen speichert und über das Modem die Informationen an den Softwarehersteller zurückmeldet.«[1]

Der Software-Produzent meinte hierzu, daß die Informationen hülfen, die Kaufgewohnheiten der Kunden zu verstehen und die Software in Zukunft besser darauf zuzuschneiden. Dies war die offizielle Begründung. Es ist klar, daß diese Informationen natürlich auch an andere Firmen verkauft werden können und daß sie den Hersteller in die Lage versetzen, unautorisierte Kopien der Software aufzuspüren.

Über die nachfolgende Version des Betriebssystems wurde bekannt, daß zumindest noch eine Hardware-Identifikation ausgelesen wurde. Die Hardware-Identifikation wurde von der ebenfalls von dieser Firma stammenden Textverarbeitung dazu verwendet, um eindeutige Kennungen für generierte Dokumente zu erzeugen, aus der dann nicht nur der PC hervorging, sondern auch der Benutzername. Der Verdacht wurde laut, daß die Firma riesige Datenbanken anlegen könnte, um die Verfasser einzelner Dokumente ausfindig machen zu können. Immerhin ist es über diesen Mechanismus tatsächlich gelungen, den Urheber des Melissa-Virus zu finden. Der Softwarehersteller bezeichnete das Auslesen der Hardware-Identifikation als einen Fehler, der behoben würde, und erklärte, er wolle die Dokumenten-Identifikation wieder ausbauen. Technische Details darüber, wie man feststellen kann, welche Informationen tatsächlich von welchen Programmen oder Internet-Seiten ausgelesen werden und wie man sich davor schützen kann, sind in der Computer-Zeitschrift PC-Direkt, Ausgabe 6/99, zu finden.

Es kommt aber noch »besser«. Still und heimlich, richtiger gesagt, von der Öffentlichkeit weitestgehend unbeachtet, ist

---

[1] www.earthnetbbs.com/jbyoung_art/Pcj1-96.asp

in der Bundesrepublik ein Gesetz verabschiedet worden, das jeden Anbieter bzw. Provider im Internet verpflichtet, eine sogenannte Schnittstelle nach außen zu schaffen, über die sich die Geheim- bzw. Nachrichtendienste einen Einblick verschaffen können, welche Benutzer welchen Service benutzen und was sie dort über das Netz abwickeln. Wenige haben protestiert. Wir lassen uns das einfach gefallen!

Jetzt denken wir einmal daran, was geschieht, wenn aller Brief- oder Faxverkehr über das Internet läuft. Diese Entwicklung hat bereits mit Riesenschritten begonnen. Das Briefgeheimnis ist in keinem Fall mehr gewährleistet. Die Behörden und Nachrichtendienste werden uneingeschränkten Zugang zu dem haben, was Sie über das Internet senden und empfangen. Briefe werden auch heute schon zuweilen geöffnet, aber wieviel leichter wird die Kontrolle in Zukunft funktionieren. Briefe können nicht automatisch durchsucht werden, wohl aber E-Mails!

Die Gefahr, daß nicht nur Geheimdienste, sondern auch ganz »normale Hacker« (Computerexperten, die sich darauf spezialisiert haben, in fremde Computersysteme einzudringen) sich zu allen möglichen Informationen auf Ihrem PC Zugriff verschaffen oder zu den Informationen, die Sie mit anderen austauschen, ist allgemein erkannt. Die Lösungen, die in diesem Zusammenhang diskutiert werden, haben alle mit einer Verschlüsselung der Daten zu tun. Gleichgültig, ob es um sensible Kontodaten, um Geldtransfer über das Internet oder um einfache Briefe geht, man sieht hier die Notwendigkeit, entweder über Verschlüsselung der Daten diese für den ungebetenen Gast unlesbar zu machen oder sich z. B. für den Geldverkehr Mechanismen auszudenken, die letztlich auch wieder mit Verschlüsselung und Paßwörtern zu tun haben. Schon heute wird eine Vielzahl an Softwareprodukten für diesen Zweck angeboten.

Zu einer Chiffrierung, wie die Verschlüsselung auch genannt wird, braucht man einen Schlüssel, wie umgekehrt der Empfänger zur Entschlüsselung oder Dechiffrierung wieder einen Schlüssel benötigt, und zwar denselben, den der Absender verwandt hat. Diese Schlüssel sind oft Zeichenketten – eine beliebige Aneinanderreihung von Buchstaben, Sonderzeichen und Ziffern – oder Bitmuster – eine beliebige Folge von Nullen und Einsen, z. B. 100101011110001 – bestimmter Länge. Ein Schlüssel gilt als um so sicherer, je länger er ist, denn zum »Knacken« (Dechiffrieren) der Schlüssel braucht man Computer mit hoher Rechenleistung. Diese Computer haben um so länger mit der Dechiffrierung zu tun, je länger der Schlüssel ist.

Um die erlaubten oder erhältlichen Verschlüsselungsmöglichkeiten gab und gibt es viele Kontroversen, die unter anderem damit zu tun haben, daß das amerikanische Verteidigungsministerium einen angeblich »unknackbaren« Schlüssel hat, der aber offiziell auf dem Weltmarkt nicht verkauft werden darf. Warum das so ist, leuchtet sicher jedem ein. Schließlich sollen wir kontrolliert werden und nicht der Geheimdienst, oder?

In den nächsten drei Kapiteln werden wir uns noch eingehender mit der Verschlüsselung von Daten und anderen Schutzmaßnahmen beschäftigen. Sollten Ihnen diese Kapitel zu technisch orientiert sein, können Sie auch mit dem darauf folgenden Kapitel »Wir werden beobachtet« fortfahren.

# Sicherheit durch Verschlüsselung?

Aktuellen Erfahrungsberichten kann man entnehmen, daß man jede verschlüsselte Nachricht dechiffrieren (= entschlüsseln) kann, gleich wie kompliziert oder lang der Schlüssel ist, solange man genügend Rechnerleistung[1] und dementsprechend genügend Geld zur Verfügung hat, um sich diese Rechnerleistung kaufen zu können. Für die Güte des Schlüssels ist die Länge in Bits ein häufig verwendetes Kriterium. In dem PC-Magazin DOS 4/97 ist im Artikel »Kryptologie« folgendes zu lesen: »Doch selbst eine 56-Bit-Verschlüsselung ist nicht mehr sicher. Nach einer Umfrage der Computerworld USA unter Kryptographen braucht ein privater Hacker mit einem Budget von umgerechnet 600 Mark theoretisch 38 Jahre, um einen solchen Code zu knacken. Ein Unternehmen, das DM 450 000 einsetzt, schafft dies in drei Stunden. Und Geheimdiensten mit einer Ausrüstung für 450 Millionen Mark reichen 12 Sekunden.«

Die Unsicherheit von Datennetzen und Rechnern wird

---

[1] Kapazität eines Rechners, z. B. Prozessorgeschwindigkeit, Anzahl Prozessoren, Hauptspeicherkapazität

auch an den Problemen sehr deutlich, mit denen das amerikanische Militär zu kämpfen hat. Moderne Armeen benutzen immer mehr, wie alle großen Organisationen, Rechnersysteme, die miteinander vernetzt sind, um ihre Operationen zu steuern und sich selbst zu verwalten. In diesem Bereich ist ja auch das Internet entstanden (siehe das Kapitel »Das Internet und der PC«).

Es gibt inzwischen Abwehreinheiten der amerikanischen Streitkräfte, die sich ausschließlich dem »Informationskrieg« widmen. Eine ihrer Hauptaufgaben besteht darin, Angriffe auf die zentralen Rechner mit geheimen Daten abzuwehren. In den nächsten Jahren wollen die Amerikaner 3 Milliarden Dollar (!) in diese Aktivitäten investieren. Zum US-Verteidigungsministerium gehören ca. 2 Millionen Rechner und 200 Kommandozentralen.

Die DISA (Defense Information Systems Agency) ließ zur Überprüfung der Sicherheit des Systems gezielte Angriffe auf die Rechner und Netze des Verteidigungsministeriums durchführen. Von 38 000 Scheinangriffen aus dem Internet waren 65 Prozent erfolgreich, aber nur 4 Prozent wurden überhaupt erkannt, und davon wurde nur etwa ein Drittel den Vorgesetzten gemeldet. Diese Angaben wurden der Zeitschrift »Konrad«, Ausgabe 1/97, entnommen. Weiter wird dort berichtet: »Angreifer haben Geheiminformationen erlangt und verfälscht, sowohl Daten wie Programme gestohlen, verändert und zerstört. Sie haben unerwünschte Dateien installiert und sogar ›Hintertürchen‹ eingebaut, die normale Schutzsysteme umgehen und Angreifern auch künftig unerlaubten Zugang ermöglichen. Sie haben ganze Systeme und Netzwerke abgestellt oder abstürzen lassen.«

Wenn man jetzt noch weiß, daß die Militärs dafür bekannt sind, die besten Schutzsysteme zu haben, kann man sich vorstellen, wie leicht es ist, über das Internet auch in Ihren Rechner einzudringen. Eine Privatsphäre haben Sie dann nicht mehr!

Sieht es nicht so aus, daß wir nicht nur in ein Informationszeitalter hineinwachsen, sondern auch in ein Zeitalter, in dem alle Informationen für jeden zugänglich sein werden, auch die privaten? Ob uns das so gefällt?

Einige Autoren widmen sich besonders den Gefahren der E-Mail (elektronische Nachricht im Internet, Nachfolger der heute noch üblichen Briefe). Sie vergleichen das Absenden einer E-Mail mit dem Schreiben einer Postkarte: Jeder, nicht nur der Empfänger, kann sie lesen. Entgegen der früher ausgeübten Praktika, verdächtige oder »interessante« Briefumschläge über Wasserdampf zu öffnen, haben es die E-Mail-Überwacher viel einfacher: Mit speziell dafür geschriebenen Programmen können alle E-Mails (oder nur bestimmte Adressaten) im Internet automatisch gescannt[2] werden, d. h. es wird gezielt nach Schlüsselwörtern gesucht. Wie praktisch!

Wie unterbindet man solche Praktiken? In der Annahme, daß Sie auch lieber Briefe als Postkarten schreiben, damit nicht jeder Ihren Informationsaustausch mitlesen kann, kann ich Ihnen nur das Verschlüsseln der Nachrichten empfehlen. Da gibt es aber ein kleines Problem: Der Empfänger muß den gleichen Schlüssel besitzen wie Sie und in der Regel noch ein Paßwort (Berechtigungscode).

Der Einsatz einer solchen Verschlüsselungs-Software ist deshalb in der Regel nur dann praktisch, wenn Sie des öfteren mit den gleichen Korrespondenzpartnern zu tun haben. Bei ständig wechselnden Adressaten ist dieses Verfahren zu unpraktisch. Für solche Fälle wird bestimmt bald ein allgemein verbreitetes Verschlüsselungsverfahren mit besonders einfacher Anwendung empfohlen. Diese Verfahren sind

---

[2] automatische Suchprozesse nach bestimmten Schlüsselwörtern

natürlich den kontrollierenden Instanzen ebenfalls bekannt, also weitestgehend nutzlos! Man könnte natürlich sagen: »Sollen die doch ruhig alles wissen, wenn ich privat etwas tun will, gehe ich eben nicht über das Computernetz!« Noch haben Sie diese Wahl, aber wahrscheinlich bald nicht mehr!

Können Sie sich eine Zukunft vorstellen, die uns sehr bald bevorsteht, in der es keinen Briefverkehr und keine Briefkästen mehr gibt, in der alle Bankschalter verschwunden sind und es fast keine Läden gibt, in denen Sie persönlich einkaufen können? Können Sie sich vorstellen, daß Sie auf herkömmliche Art fast nichts mehr kaufen oder verkaufen können und keinen Zahlungs- und Briefverkehr mehr ohne das Netz abwickeln können? Und wenn Sie verreisen, wo buchen Sie das dann? Über das Internet. Telefonate: über das Internet.

»Alles nicht so schlimm, ganz im Gegenteil«, meinen Sie vielleicht. Es bleiben mir viele Wege erspart, und ich habe Zeit für anderes. Das ist dann richtig, wenn Sie ein »braver« Staatsbürger sind, der sich völlig unauffällig und konform verhält. Bedenken Sie aber, es besteht die Möglichkeit der totalen Kontrolle durch staatliche Organe. Wir wissen, was in Dikaturen (und nicht nur dort) mit Menschen passiert, die Dinge aussprechen oder in Umlauf bringen, die der Führung nicht angenehm sind: Sie werden durch die Staatsorgane bzw. die Geheimdienste zum Beispiel »kriminalisiert« und verlieren alle Rechte! Und wie erfahren Staat und Geheimdienste das, was diese ihnen verdächtigen oder unliebsamen Menschen als Meinung von sich geben, mit wem sie kommunizieren, wohin sie reisen und was sie sonst gerade tun? Über das Internet.

Der befürchtete »gläserne Bürger« wird grausame Wirklichkeit.

Sicherlich ist Ihnen bekannt, daß auch in heutigen sogenannten Demokratien unliebsame Personen zuweilen »kaltgestellt« werden, das heißt, sie werden diffamiert, lächerlich gemacht, verlieren vielleicht ihren Job oder müssen gar ins Gefängnis gehen, weil man ihnen ein fingiertes Verbrechen zur Last legt. Dieses passiert nicht nur bei politischer Opposition, sondern auch, wenn zum Beispiel Wissenschaftler sich für Theorien stark machen, die der herrschenden wissenschaftlichen Meinung oder Erkenntnis widersprechen, oder wenn sie durch ihre Entdeckungen einem bestimmten Industriezweig den Milliardenumsatz zunichte machen könnten. Beispiele hierfür finden Sie in der medizinischen Forschung, in der Physik und Psychologie, aber auch im Computerwesen.

Vielleicht erinnern Sie sich an eine Fernsehsendung in Deutschland im Jahre 1996, in der berichtet wurde, wie aufgrund eines Spionageauftrags in den USA besondere Computerchips entwickelt wurden, die durch eine Spezialsoftware dazu veranlaßt werden konnten, Radiosignale auszusenden, und zwar über alles, was als Datenverkehr auf dem Computer ablief. So war man in der Lage, diese Computer aus der Entfernung abzuhören. Die Reporter äußerten die Vermutung, daß diese Chips heute in gängigen PCs eingebaut sind. Eine Anfrage bei dem Unternehmen Microsoft, einem der weltweit führenden Softwareproduzenten, z. B. von Windows, ergab nur: Stellungnahme abgelehnt.

Dies berichte ich Ihnen nicht nur, weil hier eine weitere undichte Stelle im Computernetz vorhanden ist, sondern weil der Erfinder des besagten Chips seinen Aussagen zufolge kriminalisiert wurde (man fand Rauschgift in seinem Haus, eine angeblich sehr gängige Methode) und heute im Gefängnis sitzt. Glücklicherweise hatte er Mut und hat sich interviewen lassen.

Also halten wir fest: Das Internet wird eine unbeschränkte

Kontrolle dessen bieten, was Sie über das Netz abwickeln. Wir müssen uns alle fragen: Wollen wir das, oder gilt es, etwas dagegen zu tun? Die Antwort darauf muß jeder selbst finden.

Das folgende Erlebnis, das ich im Mai 1999 hatte, wirft ein Licht auf die Brisanz der Themen Abhörmöglichkeit und Verschlüsselung. Aufgrund einiger interessanter Internet-Beiträge kontaktierte ich per E-Mail den Wissenschaftler A. eines osteuropäischen Landes (persönliche Details sind hier zu seinem Schutz ausgelassen). Ich erbat nähere Informationen zu seinen veröffentlichten medizinischen Erkenntnissen. Auf meine Frage, ob es im Hinblick auf weiteren E-Mail-Verkehr besser sei, die Briefe in Zukunft zu verschlüsseln, kam postwendend folgende Antwort: »Bitte verschlüsseln Sie Ihre Mail nicht! Ich weiß, daß in der Nebenwohnung ein Beamter des Geheimdienstes sitzt und mit einem Spezialgerät jeden meiner Tastaturanschläge verfolgt. Senden Sie mir nur in Klartext. Alles andere wird mich in Schwierigkeiten bringen.« Ich glaube, diese Äußerung spricht für sich.

# Viren und Trojanische Pferde

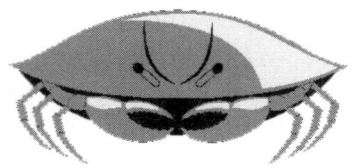

Bisher haben wir hauptsächlich darüber gesprochen, welche Kontrollmöglichkeiten sich von außen ergeben, wer also auf welche Weise überwachen kann, welche Geschäfte, Telefonate usw. Sie über das Internet abwickeln. Leider ist ein Netzzugang an Ihrem PC auch das Eingangstor für Übeltäter, die es darauf abgesehen haben, Ihre Daten zu zerstören.

Internet-Seiten, die Sie im World Wide Web aufrufen, haben unter Umständen aktive Elemente, sogenannte ActiveX-Controls oder Java-Applets[1], die auf Ihrem PC durch einen Anstoß durch Sie oder automatisch tätig werden. Man kann auf diese Weise Daten auf Ihrem PC verfälschen oder zerstören oder den ganzen PC so weit außer Betrieb setzen, daß Sie gezwungen sind, Ihre Festplatte neu zu formatieren. Die Folge ist ein totaler Datenverlust.

Es werden Ihnen auf diese Weise, aber auch über E-Mails sogenannte Computer-Viren eingeschleust, die entweder sofort oder aber mit einer Zeitverzögerung von einigen Wochen oder Monaten mit ihren Untaten beginnen. Die Viren sind

---

[1]  Miniprogramme, die auf Ihrem Rechner zur Ausführung gebracht werden

Programmteile, die an Dateien oder Programme von Ihnen »angehängt« werden. Dadurch werden diese entweder zerstört, oder es kommt auf Ihrem Rechner zu einem totalen Desaster.

Wie beim Menschen ist es ratsam, nicht erst dann die Viren zu bekämpfen, wenn sie sich bereits im System eingenistet haben, sondern das Immunsystem zu stärken und die Abwehrkräfte zu mobilisieren. Auf dem PC übernehmen Virenschutzprogramme diese Funktion. Diese Programme werden beim Anschalten Ihres PCs als erste gestartet und bleiben auch während der ganzen Anschaltdauer aktiv. Immer dann, wenn Sie eine E-Mail aus dem Netz öffnen oder eine Datei aus dem Netz auf Ihren PC laden, überprüft dieses Programm, ob der gelesene Text oder die kopierte Datei infiziert ist oder nicht. Dabei ist es auf das gesammelte Know-how bereits bekannter Viren angewiesen. Neue Viren werden so oft nicht erkannt! Da Viren ständig in neuen Formen auftauchen, ist es wichtig, immer eine aktuelle Version der Virenschutzsoftware installiert zu haben.

Eine andere Gemeinheit sind die Trojanischen Pferde. Dies sind Programme, die Ihnen zum Beispiel über das Internet oder E-Mails eingeschleust werden und die selbsttätig, ohne daß Sie dies merken, Daten nach draußen senden, und zwar immer dann, wenn Sie sich im Netz angemeldet haben. Welche Ihrer Daten werden gesendet? Nun, alle, die den Absender des Trojanischen Pferdes interessieren. Das können Benutzerberechtigungen sein, Bankverbindungen, Kreditkartennummern, Telefonnummern, E-Mails, eigentlich alles, was in Ihren Daten und Ihrer Kommunikation von Interesse sein könnte.

Genauso, wie jeder Internet-Server die Namen aller Internet-Seiten speichert, welche Sie aufgerufen haben, so tut dies auch Ihr eigener PC. Jeder Web-Browser führt Dateien, in denen lückenlos mitprotokolliert ist, was Sie tun. Falls Sie den Netscape-Browser benutzen, geben Sie doch spaßeshalber einmal statt irgendeiner Internetadresse folgendes ein: »about-global« oder »about:cache«. Was Sie dort sehen, kann man sich auch von »draußen« ansehen. Löschen Sie einfach nach jeder Internet-Sitzung die Dateien mit aktuellem Tagesdatum in den Browser-Verzeichnissen – und schon gehen Neugierige leer aus. Für dieses Aufräumen auf Ihrem PC gibt es übrigens Software, oft als Gratisbeilage auf CDs enthalten, wie sie heute fast jeder Computerzeitschrift beiliegen.

Eine weitere Variante, zu »nützlichen« Informationen zu gelangen, sind die »Packet sniffer«. Das sind Programme, die im ganzen Netz nach Paßwörtern oder Kreditkartennummern stöbern. Manchmal werden ganze Serververbindungen gekidnappt und durch eigene Verbindungen ersetzt, um Zugang zu sonst geschützten Informationen zu erhalten. Ihnen werden unter Umständen gefälschte Seiten oder sogar ganze Subnetze im Web vorgespiegelt, um Ihnen vertrauliche Informationen zu entlocken oder Sie zu finanziellen Transaktionen zu veranlassen. Der Kreativität sind anscheinend auch hier keine Grenzen gesetzt.

Viren, Trojanische Pferde und ähnliche »Aufmerksamkeiten« übelwollender Internet-Nutzer sind heute weitverbreitet, und Sie sollten sich über diese Gefahr im klaren sein. *Alle* Daten, die Sie auf Ihrem PC gespeichert haben, sind gefährdet. Es empfiehlt sich also, Schutzmaßnahmen zu treffen, wenn Sie denn unbedingt im Internet surfen wollen oder es für Ihre geschäftlichen Transaktionen benutzen möchten bzw. müssen. Eine Möglichkeit sind die schon erwähnten Virenschutzprogramme.

Eine weitere Schutzmöglichkeit vor Viren ist die Anschaffung eines zweiten PCs. Auf einem PC haben Sie Ihre sensiblen Daten gespeichert, auf dem anderen surfen Sie im Netz. Auf diese Weise hat niemand Zugang zu Ihren Daten, und ein Virus kann allenfalls Ihre Internet-Software oder das Betriebssystem zerstören. Neugierige Hacker oder ihre Trojanischen Pferde werden enttäuscht sein. Aber auch hier bleibt natürlich die Gefahr bestehen, daß man von Ihnen Paßwörter für geschützte Anwendungen oder Kreditkartennummern erfährt. Sollten Sie bei irgendeinem Einkauf über das Internet aufgefordert werden, Ihre Kreditkartennummer zu nennen, tun Sie das bitte nicht! Bestellungen kann man immer noch über den herkömmlichen Postweg schicken.

Der beste Schutz bleibt weiterhin, das Internet überhaupt nicht zu benutzen!

Ein weiterer Angriffspunkt für Viren sind übrigens Telefonanlagen. Während früher die Postleitungen abgehört wurden, natürlich nur im Falle eines begründeten Verdachts auf kriminelle Handlungen, kann man moderne digitale, sogenannte ISDN-fähige Nebenstellenanlagen bequem durch Viren umprogrammieren und sie danach unbemerkt anzapfen. Virenschutzprogramme sind in diesem Fall unwirksam. Auf diese Weise wird heute erfolgreich Wirtschaftsspionage betrieben. Es werden nicht nur Gespräche mitgehört, sondern auch die Datenströme, die voneinander weit entfernte Rechner miteinander über die Telefonanlage austauschen, werden angezapft.

Dieser Unsicherheitsfaktor ist auch für Privatleute mit Internet-Anschluß interessant, denn die Deutsche Telecom wirbt für ISDN-Anschlüsse und entsprechend ausgerüstete Telefone. So haben bereits viele Hausbesitzer einen ISDN-Anschluß installieren lassen, um mehrere Geräte (Fax, Telefon, PC) über einen einzigen Anschluß betreiben zu können oder um eine kleine Hausanlage anzuschließen, die mehrere Telefone im Haus bedient. Diese Hausanlage kann ein geübter Hacker von außen umprogrammieren[2], ohne daß Sie dieses bemerken. Für das Internet ist ISDN wegen der hohen Datenübertragungsrate interessant. Somit ist nicht nur das Internet zu einem Risikofaktor geworden, sondern auch noch die Telefonanlage selbst.

Telefone mit einer Freisprecheinrichtung (eingebautes Mikrofon) stellen ein zusätzliches Risiko dar[3]. Sie können genauso wie Anrufbeantworter mit Raumüberwachungsfunktion durch einen Tarnanruf umprogrammiert und ab diesem Zeitpunkt von außen verwendet werden, um den Raum, in dem das Gerät steht, abzuhören. Das Telefon klingelt bei solchen Abhörvorgängen nicht, Sie bemerken es also nicht.

---

[2] NT-Journal 6/97, Reinhold Scheu: »Der große Lauschangriff ist längst Tatsache«

[3] www.nachrichtenaufklaerung.de/

# Wie schütze ich mich?

Sollten wir uns schützen? Und wovor? Das hängt ganz von Ihrer Mentalität ab. Sind Sie ein Mensch, der regelmäßig seinen Nachbarn und Freunden alles über sich erzählt und gerne sein Leben offenlegt, dann werden Sie keine Notwendigkeit verspüren, sich zu schützen, nur weil die Kommunikation jetzt über das Internet läuft. Sind Sie aber eher ein Mensch, der sein Privatleben nicht aufdecken möchte, dann besteht dringender Handlungsbedarf.

Wohlgemerkt geht es nicht darum, sich staatlicher Kontrolle deshalb zu entziehen, weil man Kriminelles plant oder vielleicht unerkannt zum Anarchisten werden möchte. Aber wir sind bereits jetzt dermaßen stark überwacht, daß jede weitere Zunahme der Kontrolle eigentlich nicht zu tolerieren ist, wenn wir noch ein begrenztes Privatleben haben möchten.

Was ist also zu tun?

Es gibt eine Reihe von Maßnahmen, die Sie selbst durchführen können und die zum Teil schon im vorherigen Kapitel geschildert wurden. Es gibt andere, für deren Durchsetzung Sie sich einsetzen können und sollten, wenn Sie aktiver Benutzer des Internets sind und auch in anderen Bereichen des gesellschaftlichen Lebens Ihre Privatsphäre geschützt wissen wollen. Einige der folgenden Tips sind sinngemäß dem Artikel »Sozialraum Internet« von Alexander Rossnagel (Spektrum der Wissenschaft, Dossier 1/98) entnommen:

- Verschlüsseln Sie Ihre Daten: Dateien oder E-Mails, die Sie versenden, können mit Hilfe spezieller Software verschlüsselt werden. Voraussetzung ist, daß der Empfänger den Schlüssel kennt bzw. über die gleiche Software verfügt (siehe Kapitel »Sicherheit durch Verschlüsselung?«, Seite 44 ff.).
- Sie können vertrauliche Informationen in harmlosen Dateien und Bildern verstecken (Steganografie). Auf diese Weise kann man sich zum Beispiel das Urheberrecht durch elektronische »Wasserzeichen« sichern. Hierfür gibt es Software.
- Eine weitere Schutzmöglichkeit sind verschlüsselte Prüfsummen, auch als digitale Signatur bekannt. Mit ihrer Verwendung läßt sich feststellen, ob eine Nachricht verfälscht wurde oder wirklich vom angegebenen Autor oder Absender stammt. Auch hierfür gibt es Software.

Es gibt aber noch weitere Schutzmöglichkeiten:

- Verwenden Sie zwei Rechner: einen PC für den privaten Gebrauch ohne Internet-Anschluß, einen zweiten für die Kommunikation im Internet. Hierdurch schützen Sie sensitive Daten, und Sie schließen jeden Zugriff hierauf aus.
- Schalten Sie das Gerät aus, und trennen Sie es vom Internet, wann immer die Internet-Verbindung nicht benötigt wird. Ohne Internet gibt es keinen Zugriff von außen.
- Installieren Sie einen leistungsfähigen und aktuellen Viren-

scanner, um Ihren Rechner und Ihre Programme und gespeicherten Dateien zu schützen (siehe das Kapitel »Viren und Trojanische Pferde«).

- Deaktivieren Sie eine eingebaute Videokamera oder ein Mikrofon, und beschränken Sie sich in Ihrer Kommunikation auf verschlüsselte Nachrichten (siehe das Kapitel »Wir werden beobachtet«).
- Verwenden Sie Bargeld statt Kreditkarten und reguläre Briefpost statt E-Mails solange wie noch irgend möglich.
- Kaufen Sie Software wie bisher auf Disketten oder CDs, und laden Sie diese nicht aus dem Netz.
- Löschen Sie nach jeder Internet-Sitzung die Dateien, die lückenlos mitprotokollieren, welche Internet-Seiten Sie aufgerufen haben. Fachliteratur über Internet-Browser hilft hier weiter.

Weiter sollten Sie sich für folgende Maßnahmen einsetzen (siehe das Kapitel »Den Kurs selbst bestimmen«):

- Gesicherter elektronischer Zahlungsverkehr durch Programme wie Ecash. Hieran wird noch fieberhaft gearbeitet. Banken und andere Firmen bieten zwar einen angeblich gesicherten Zahlungsverkehr an, »Hacker« zeigen aber immer wieder die Lücken dieser Systeme.
- Das Sammeln von Informationen und Auftragserteilungen über Agentenprogramme und Anonymisierungsrechner. Hierbei entstehen keine personenbezogenen Daten. Fragen Sie Ihren Serviceprovider.
- Zukünftiger Mobilfunk über eine »Relaisstation« zu Hause, die die Aufenthaltsdaten verwaltet, so daß keine öffentlich zugänglichen Bewegungsprofile entstehen. Dies wird zwar von einigen Kritikern empfohlen, wird aber geringe Aussicht auf Erfolg haben, denn gerade diese Bewe-

gungsprofile sind ja das, was von geheimdienstlicher Seite erwünscht ist.

- Zukünftige Speicherung der personenbezogenen Daten im Endgerät des Bedieners und nicht im Netz und auf fremden Rechnern. Zur Zeit werden bei der Internet-Benutzung Ihre Daten auf dem Rechner des Serviceproviders und sonstigen Rechnern im Internet gespeichert, so daß man relativ leicht darauf zugreifen und sie auswerten kann. Auch das hat wahrscheinlich geringe Erfolgschancen.

Wenn Sie einen Internet-Anschluß nicht zu Hause, sondern in der Firma nutzen, in der Sie beschäftigt sind, sollten Sie wissen, auf welche Weise Sie dort möglicherweise überwacht werden. Fragen Sie den Betriebsrat oder den Arbeitgeber nach den betrieblichen Regeln für die Internet-Nutzung. Generelle Richtlinie: Benutzen Sie den Firmenanschluß nie für private Zwecke!

Es gibt heute Programme, zum Beispiel den »Internet Manager« des israelischen Rüstungsspezialisten »Elron Software« oder die Programme »Internet Watchdog« oder »Borderware«, die von vielen Firmen bereits eingesetzt werden und die alle Ihre Internet-Aktivitäten lückenlos mitprotokollieren. Dies betrifft nicht nur die aufgerufenen Seiten, sondern auch die Uhrzeiten. Außerdem kann diese Software die durchlaufenden Texte nach bestimmten Schlüsselwörtern durchsuchen, zum Beispiel »Sex« oder »Sport« (so nachzulesen im Artikel »Kontrolle, Big Brother ist überall« in der Zeitschrift »Stern« 13/98), und sofort Alarm geben, wenn solche für die Firma unerwünschten Inhalte auftauchen.

An anderer Stelle hatte ich schon darauf hingewiesen, daß Geheimdienste sich natürlich auch dieser Methoden bedienen. Die Software macht es ebenfalls möglich, daß Ihr Bildschirminhalt live auf einem Überwachungsbildschirm zu sehen ist. Ganz am Rande sei bemerkt, daß es eine solche Software auch schon vor Erfindung des Internets gab. Überwachung ohne Wissen des Benutzers ist allerdings nach der EU-Bildschirmarbeitsplatzverordnung unzulässig, in Deutschland muß der Betriebsrat zustimmen.

Zu Hause könnten Sie dann einer solchen Überwachung unterliegen, wenn Sie sich zu Telearbeit entscheiden, also für eine Firma von Ihrem häuslichen Arbeitsplatz aus arbeiten. Telearbeit ist zur Zeit noch den deutschen Unternehmen aufs höchste suspekt, da ein Mitarbeiter zu Hause nicht oder schwer kontrollierbar ist. Ist dessen PC aber sozusagen Teil eines Firmennetzes, darf er ganz legal mit den oben geschilderten Methoden überwacht werden. Auch hier gilt es also, Privat- und Firmenaktivität streng zu trennen.

# Wir werden beobachtet

Über das Internet können Sie nicht nur – wie heute mit dem herkömmlichen Telefon – telefonieren, sondern auf Wunsch auch Ihren Gesprächspartner mit Hilfe einer eingebauten Kamera sehen, denn: Das Bildtelefon kommt. Ist dies eine segensreiche Neuerung, oder liegt auch hierin eine Gefahr?

Wenn Sie das Buch »1984« von George Orwell gelesen oder den eindrucksvollen gleichnamigen Film gesehen haben, werden Ihnen sicher auch die vielen Fernsehkameras in Erinnerung sein, die überall, selbst in allen Privaträumen, zur Überwachung angebracht sind. Jetzt kann man natürlich fragen: Was hat das mit einem Bildtelefon zu tun?

Die aktuelle Entwicklung auf diesem Gebiet könnte allerdings bald zu einem Horrortrip entarten: Bereits jetzt wird im Zusammenhang mit dem Telefonieren über das Internet dafür geworben, eine gleichzeitige Bildkommunikation zu haben, also ein Bildtelefon: Sie sehen Ihren Gesprächspartner. Wenn Sie heutzutage einen Computerfachhandel besuchen, können Sie kleine Kameras bewundern, die meistens oben auf dem Bildschirm angebracht sind und beim Telefonieren dem Gesprächspartner Ihr Bild übermitteln sollen.

Für solche Bildtelefone sind heute verschiedene technische Varianten – entweder als Telefon mit zusätzlicher Bildübertragung oder als PC mit Kamera und Telefonerweiterung – in der Entwicklung beziehungsweise werden bereits am Markt angeboten. Im Jahr 1998 wurden die ersten Handys mit Bildübertragung vorgestellt.

Denken wir einen Schritt weiter, dann ist es nicht schwierig, uns vorzustellen, daß diese Kameras in die Bildschirme integriert werden, in den ersten Versionen noch für jeden sichtbar, dann unsichtbar.

Wenn Sie sich mit den heute praktizierten Methoden vertraut machen, wie man in Ihren häuslichen PC eindringen kann – und einiges davon haben wir ja schon in anderen Kapiteln beleuchtet –, dann droht hier die offensichtliche Gefahr, daß man sich auch von außen Zugriff über die eingebaute Kamera verschafft und diese verwendet, um Sie zu überwachen! Glauben Sie nicht, daß dies unmöglich sei. Denken wir nur an die schon heute eingeführten Methoden der Arbeitsplatzüberwachung, die auch bald denjenigen droht, die am Tele-Arbeitsplatz zu Hause arbeiten.

Auch eine öffentliche Überwachung droht. Nach einem Bericht derZeitschrift Konrad (4/98) beobachten derzeit ca. eine Million (!) Videoanlagen die Deutschen, allein 35 000 Firmen und Behörden betreiben 90 000 Kontrollsysteme. Wir haben uns inzwischen an die große Anzahl von Fernsehkameras in der Öffentlichkeit gewöhnt, so z. B. an Kameras zur Verkehrsüberwachung. Hiermit sind die vielen Videokameras gemeint, die an verkehrskritischen Punkten in Großstädten oder auf Autobahnen angebracht sind. Diese Kameras dienen natürlich bisher uns allen, weil schneller auf Staus reagiert werden kann. Sollte die Entdeckung von unangemeldeten Demonstrationen durch Kameras, die Straßen und Plätze in den Zentren von Großstädten überwachen (Beispiel Leipzig), ein erwünschter Nebeneffekt sein? Die Kameras in Parkhäusern dienen unserer Sicherheit und helfen auch, den Autodiebstahl an diesen Orten zu erschweren. Oder in Banken helfen die Kameras, im nachhinein Bankräuber zu identifizieren. Einen ähnlichen Zweck erfüllen die Überwachungskameras vor Firmengeländen, in Kaufhäusern und Supermärkten.

Die Polizei verfügt inzwischen über Video-Computersysteme, die jedes Autokennzeichen im Straßenverkehr registrieren oder Gesichter aus großen Menschenmengen herausfiltern und mit Fahndungsfotos vergleichen können. Auch größere Mietshäuser werden zum Teil schon videoüberwacht. (Übrigens war es für mich als Autor ein großes Aha-Erlebnis, bei der Beschäftigung mit dieser Thematik festzustellen, an wie vielen Orten bereits Videokameras installiert sind, ohne daß wir dies als merkwürdig oder störend empfinden. Zumindest scheint es keinen Widerspruch zu erwecken.)

Wo eine Videoüberwachung nicht möglich ist oder zu auffällig wäre, wird – auch in Deutschland – in manchen Firmen eine andere Überwachungsmethode verwendet: In die Firmenkittel der Angestellten wird ein Chip eingenäht, der automatisch den jeweiligen Aufenthaltsort der Person an ein Computersystem meldet. Wie mißtrauen wir doch unseren Mitmenschen. Immerhin haben einige Unternehmer schon begriffen, daß es sinnvoller ist, den Mitarbeitern positive Arbeitsbedingungen zu schaffen, so daß sich ihre Produktivität steigert, die Arbeitsfreude wächst, die Krankheitsrate sinkt und das Bedürfnis, sich zwischendurch öfter »abkömmlich zu machen«, gar nicht erst aufkommt.

Die verwendeten Optiken bzw. Kameras in der Videoüberwachung werden kleiner und leistungsfähiger. Das Fraunhofer Institut für Arbeitswirtschaft und Organisation (IAO) in Stuttgart verwendet in seiner Modellfabrik zwei Internet-Kameras, die alle Vorgänge rund um die Uhr verfolgen. Zum Einsatz kam hierfür das Produkt »Net Eye 2000« eines schwedischen Herstellers (so nachzulesen in der Computerwoche 35/97). Dieses »Netzauge« braucht keinen PC, sondern liefert direkt internetfähige Bilder ins World Wide Web. Demnächst wird das Netzauge wahrscheinlich auch Ton übertragen können. Das Auge soll »selbstverständlich« nur zur Fernüberwachung von Produktionsprozessen, Fernwartung von Maschinen und zur Konferenzübertragung genutzt werden...

CCD-Kameras werden bereits heute so klein gebaut, daß die Optik im Durchmesser nicht größer ist als ein Stecknadelkopf! Die oben geschilderte Befürchtung, daß solche Kameras in den Bildschirm integriert und damit für den Anwender unsichtbar und unkontrollierbar werden, dürfte mit diesen Miniaturkameras bald Realität werden.

Die neueste Entwicklung ist ein künstliches Auge, das genau wie das menschliche Auge und die zugehörigen Gehirnbereiche Erkennungsfunktionen besitzt. Das künstliche Auge ist also intelligent und kann programmiert werden, bestimmte Personen oder Ereignisse zu erkennen. Diese Fähigkeit hatte bislang gefehlt, um Überwachungsfunktionen weitestgehend automatisieren zu können, denn Videokameras und ihre aufgenommenen Bilder mußten in der Vergangenheit noch durch Menschen interpretiert werden. Können aber diese künstlichen Augen so programmiert werden, daß sie überall da, wo sie installiert sind, bestimmte Personen wiedererkennen, dann könnte man sich eine Situation vorstellen, in der niemand mehr vor einer automatischen Überwachung sicher ist. Können auch bestimmte Situationen erkannt werden, dann lassen sich z. B. auch unerwünschte Demonstrationen sofort erkennen. Sie dürfen davon ausgehen, daß diese Augen mit dem Argument installiert werden, Kriminelle wirkungsvoller aufspüren und bekämpfen zu können.

Das Internet wird uns – zusätzlich zur häuslichen Kamera im PC – an weitere Spiel-, dann (mögliche) Überwachungsmöglichkeiten gewöhnen. Es gibt heute bereits Internet-Seiten, mit Hilfe derer man Videokameras, die an öffentlichen Plätzen aufgestellt sind, aktiv bewegen kann, und zwar so, daß man eine 360-Grad-Rundumschau bekommt. Hat man so etwas an allen wichtigen Plätzen installiert, kann aus diesem Spiel leicht Ernst werden. Seien wir also auf der Hut – »Big Brother is Watching You!«[1]

---

[1] deutsch: Der große Bruder beobachtet Dich (Zitat aus dem Buch »1984« von George Orwell)

# Das Mal: Kreditkarten und Körperausweise

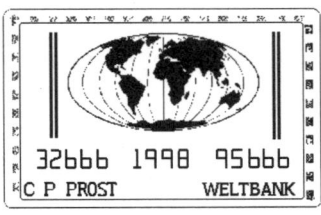

32666 1998 95666
C P PROST                    WELTBANK

Das wichtigste und in seinen Auswirkungen erschreckendste Thema aus dem diskutierten Bibelabschnitt der Apokalypse ist das »Mal des Tiers«, das die Menschen auf der Stirn oder der Hand tragen, versinnbildlicht durch die mysteriöse Zahl »666«.

Die technische Entwicklung, in der Apokalypse als mächtiges Tier mit der Macht des Drachens dargestellt, führt dazu, daß der Mensch durch ein Mal, ein Zeichen, erkannt werden kann. Alle Mitglieder dieser zukünftigen Gesellschaft tragen das Zeichen des Tiers auf der Hand oder Stirn. Ohne dieses Zeichen können sie nichts kaufen oder verkaufen:

*13.16–17:*
*Weiterhin bewirkt es, daß alle, Kleine und Große, Reiche und Arme, Freie und Unfreie, sich ein Zeichen auf die rechte Hand oder auf die Stirn prägen.*
*Keiner soll kaufen oder verkaufen können, der nicht den Namen des Tieres oder die Zahl seines Namens als Zeichen und Prägung an sich trägt.*

In nachfolgenden Textstellen der Apokalypse ist dann nachzulesen, daß alle, die dieses Zeichen tragen, unaussprechliche Qualen zu leiden haben und schließlich sogar vernichtet werden:

*16.2:*
*Da wuchs den Menschen, die die Prägung des Tieres an sich trugen und die das Bild des Tieres anbeteten, ein böses, unheilverbreitendes Geschwür.*

Erste Anzeichen für eine solche Entwicklung sind klar erkennbar. Unter die Haut zu implantierende Mikrochips sind entwickelt, werden bereits in großen Stückzahlen produziert und bei Tieren eingesetzt sowie bei Menschen getestet (siehe hierzu das Kapitel »Die Spritze zum ›Glück‹«).

Wir befinden uns weltweit in einem Vorstadium, in dem sämtliche Waren mit einem Strichcode versehen sind, der ihre automatische Preis- und Typenerkennung z. B. an den Kassen der Warenhäuser möglich macht. Als Produzent von Waren können Sie ohne eine offizielle Registrierung und nachfolgende Zuteilung eines Strichcodes nichts mehr verkaufen. Umgekehrt können Sie fast nichts mehr kaufen, das keinen Strichcode hätte. Eine markante Eigenschaft der verwendeten Strichcodes ist die Zahl »666«, die in jedem Code enthalten ist. Mehr dazu erfahren Sie im Kapitel »Die Zahl 666, Hopi-Indianer und Strichcodes«.

Die Entwicklung zu einem Mal oder Zeichen, das direkt am Menschen angebracht ist, ist wie gesagt in vollem Gange. Vorversuche zu solch einer Hautmarkierung des Menschen gibt es bereits seit vielen Jahren. Im Disneyland testet man seit 15 Jahren eine Lasertätowierung. Personen, die sich mehrere Tage dort aufhalten wollen, gab man die Wahl zwischen einer Lasertätowierung in die linke Hand oder einer Dauerkarte. Damit wollte man testen, wie die Besucher darauf reagierten. In Holland hat man angeblich schon vor mehreren Jahren damit begonnen, Obdachlosen eine Lasertätowierung auf den Stirnknochen anzubringen, nach offiziellen Angaben, um dadurch die Kriminalität einzudämmen.

Es gibt parallel dazu Bestrebungen und Versuche, Menschen einen Computerchip in den Schädelknochen einzusetzen, der ähnliche Funktionen erfüllen soll. Mit Haustieren praktiziert man dies, wie gesagt, bereits! (Wenn Sie spätestens jetzt erschrecken, ist das eine gesunde Reaktion.)

Warum wird in dieser Richtung experimentiert? Welche Absicht steckt dahinter? Und warum beschäftigen wir uns in diesem Kapitel mit Kreditkarten?

Sie werden aus den weiteren Schilderungen sehen, daß es eine geplante und vorauskalkulierte Entwicklung von den Kreditkarten zur Smart Card und danach zum implantierbaren Chip geben wird, wobei alle Nachfolgestufen bereits technisch realisiert sind und zur Verfügung stehen. Das Problem der weltweit arbeitenden Manipulatoren ist die Akzeptanz der Bevölkerung. Ein implantierter Chip würde heute nicht akzeptiert werden. Die Kreditkarte als einziges Zahlungsmittel wird der Einstieg sein.

Sie als Leser dieses Buches gehören aller Wahrscheinlichkeit nach zu den Menschen, die eine Kreditkarte besitzen. Warum auch nicht? Denn wir alle haben Kreditkarten als bequemes Zahlungsmittel schätzen gelernt, z. B. wenn gerade mal das Bargeld ausgegangen ist oder wenn man eine Bestellung machen will, für die man nur die Kreditkartennummer angeben muß.

Andere Vorteile ergeben sich im Ausland, unter Umständen muß man überhaupt keine Fremdwährung eintauschen, wenn man alles über die Kreditkarte abwickeln kann. Der Schritt vom Bargeld zur Kreditkarte wird überall systematisch vorangetrieben. Auch Ausweise für die diversesten Zwecke werden nach und nach durch die Kreditkarte ersetzt. Jüngstes Beispiel hierfür ist die Lufthansa, die zumindest im geschäftlichen Bereich auf ticketlosen Flug umstellt. Die Berechtigung zum Erhalt des Boarding Pass ist die Kreditkarte.

Außer der Kreditkarte ist ein weiteres elektronisches Zahlungsmittel schon über die Testphase hinaus: die Geldkarte oder Smart Card. Diese Karte hat ähnlich wie eine Telefonkarte einen Chip (Computerbaustein mit gespeicherten Daten) eingebaut, der bei der Bank wiederholt mit einer begrenzten Geldsumme aufgeladen werden kann. Beim Einkauf wird Ihnen der entsprechende Betrag abgebucht, bis die Karte »leer« ist. Dann lassen Sie sie erneut bei Ihrer Bank aufladen.

Diese Karte ist nun bei weitem kein anonymes Zahlungsmittel mehr, so wie es ein Geldschein war. Denn damit derjenige, der das Geld beim Verkauf abgebucht hat, sein Geld später wirklich bekommt, sind natürlich das Geldinstitut und auch ein Code für den Benutzer auf der Karte gespeichert. Außerdem wird bei Ihrem Bankinstitut buchgeführt, wo Sie wieviel bezahlt haben. So vermeidet man bankseitig das Risiko, daß Sie als Kartenbesitzer Mittel und Wege finden, die Karte selbst aufzuladen. Also: Sie sind auch hier mit allen Käufen registriert!

Die heute noch verwendete Telefonkarte wird bald einer anderen Karte weichen, denn sie hat einen gewaltigen Nachteil: Sie ist noch anonym, der Anrufer kann nicht namentlich ermittelt werden. Mit der Verwendung von Kreditkartentelefonen – wie in den USA schon längst vielerorts eingeführt – wird sich dieses ändern.

Kreditkarten und Geldkarten sind jetzt schon Kontrollmittel, über die genau verfolgt werden kann, was Sie das Jahr über »so treiben«. Nun herrscht heute noch der Zustand, daß wir fast alle Bargeld und Kreditkarte in beliebiger Gewichtung verwenden. Das soll heißen: Wir können uns noch aussuchen, wann wir die Karte und wann wir Bargeld verwenden wollen. Vieles müssen Sie jetzt noch mit Spezialkarten erledigen: Sie brauchen Telefonkarten, Karten für Tankstellen, für Videoverleih, für den Arzt usw., und es gibt heute noch mehrere konkurrierende Kreditkartenfirmen. Noch!

Vielleicht wußten Sie noch nicht, daß weltweit ein bargeldloser Verkehr vorangetrieben wird, in dem man nur noch Kreditkarten braucht, und zwar nicht mehrere, sondern nur eine – die *eine* Karte, die sozusagen alles kann! Die Einführung wird nicht mehr lange auf sich warten lassen. Kenner der Finanzszene erwarten einen weltweiten Börsen- und Finanzcrash, aus dem heraus eine scheinbar geniale Lösung angeboten wird, etwa so: »Liebe Bevölkerung, verzichtet auf Bargeld, die verschiedenen Währungen und Wechselkurse machen uns nur Probleme. Das Drucken des Geldes wird von vielen Ländern mißbraucht, da sie gar keine Goldreserven oder andere Absicherungen besitzen. Das produziert ständige Inflationen und die Gefahr weiterer Zusammenbrüche auf dem Finanzmarkt. Wir machen alles nur noch mit der Karte.«

Stellen wir uns dieses Zukunftsszenario vor. Sie können alles mit der Karte abwickeln, was überhaupt mit Zahlungsverkehr, Telefonaten, Reisebuchungen und Hotels usw. zu tun hat. Sie benötigen keinerlei Bargeld mehr. Ihr Portemonnaie muß nicht mehr mit Geld nachgefüllt werden, und Ihre Brieftasche quillt nicht über von zehn bis zwanzig verschiedenen Karten für unterschiedliche Zwecke. Denken Sie auch daran, daß beispielsweise die Daten der Karte Ihrer persönlichen Krankenversicherung ebenfalls mit integriert werden können. Sie haben nur eine einzige Karte bei sich, und mit dieser können Sie überall bezahlen. Genialer geht es doch nicht, oder?

Aber ist uns auch allen klar, daß es ab diesem Moment eine Institution gibt, die Ihre Aktivitäten lückenlos verfolgen kann? Kreditkarten hinterlassen Spuren, und die Spuren der *einen* Karte kann man besonders leicht verfolgen. Schon heute lassen die Kreditinstitute Auswertungsprogramme laufen, die genau Ihre Kauf- und Lebensgewohnheiten erfassen, natürlich nur zwecks statistischer Auswertung. Genauso wie Sie im Internet Datenspuren hinterlassen, die zu Kommunikations- und Interessenprofilen zusammengefaßt werden können, hinterlassen Sie durch Ihre Kreditkarte bei intensivem Gebrauch ein lückenloses Kauf- und damit Interessenprofil. Sie dürfen sicher sein, daß diese Daten auch nicht alleinig dem Kreditinstitut bekannt sind, sondern vor allen Dingen den interessierten Staatsorganen.

Wäre es Ihnen angenehm, wenn diese Organisationen immer wissen,

- wohin Sie reisen,
- wo Sie sich weltweit befinden,
- mit wem Sie telefonieren,
- an welchem Computer Sie arbeiten,
- in welchen Organisationen Sie Mitglied sind,
- was Sie kaufen,
- wie Ihr Vermögen (oder Ihr Schuldenberg) zusammengesetzt ist,
- welchen Gesundheitszustand Sie haben?

Diese Liste läßt sich (fast) beliebig fortsetzen. Alle diese Informationen werden über Sie gespeichert, und zwar an einer zentralen Stelle. (Man sagt immer: der liebe Gott weiß alles, aber hier versucht offensichtlich jemand mitzuhalten ...)

Wehe aber, Sie verlieren diese Karte, oder sie wird Ihnen einfach gesperrt, sozusagen als einem unerwünschten Bürger. Sofort ist Ihnen die Existenzgrundlage entzogen! Bargeld gibt es dann nicht mehr. Sie können nichts mehr kaufen, nicht reisen, gar nichts mehr.

Der Schritt zu dieser einen Karte wird stufenweise vollzogen. Erst werden Schritt für Schritt in allen Lebensbereichen Karten eingeführt, die parallel zum Bargeld oder anderen Ausweisen benutzt werden können, als zweites werden nur noch Karten akzeptiert, und als drittes wird die Vielfalt der Karten durch die *eine* Karte ersetzt.

Seien Sie sicher, daß auch die Krankenkassenkarten bald den Schlüssel zu einer Gesundheitsdatenbank darstellen, in dem alle Ihre gesundheitlichen Daten gespeichert und damit weiten Kreisen zugänglich sind. Dies ist zum Beispiel in den USA bereits eingeführt! In Deutschland laufen erste Vorbereitungen (z. B. durch die Telekom, Geschäftsbereich Multimedia) für Internetseiten und zugehörige Programme, die allen Ärzten zur Verfügung gestellt werden. Jeder Arzt erfaßt dort seine Patientendaten und stellt sie damit allen Ärzten zur Verfügung. Er kann sich ebenfalls alle Daten ansehen, die ein anderer Arzt irgendwo in das System eingegeben hat. Ihre Krankengeschichte ist damit offen, nicht für jedermann, denn offiziell haben nur Ärzte (in Zukunft garantiert auch die Krankenversicherer) Zugriff. Nun wissen wir ja, wie »sicher« das Internet ist. Das soll heißen, daß sich jeder »Hacker« Ihre Krankendaten besorgen könnte. Ist Ihnen das angenehm?

Beobachten wir alle Tendenzen in dieser Richtung, stellen wir fest: Wir müssen uns schnellstens für diese Vorgänge sensibilisieren. Die Änderungen werden so vorsichtig und langsam eingeführt, daß sie möglichst wenig oder gar keinen Widerspruch erregen. Wachsamkeit war schon immer ein guter Schutz. Einzig im Falle des Internets erlaubt man sich eine schnellere Gangart, weil als Zugpferd die allgemeine Technikbegeisterung dient.

Der Computerzugang ist ein weiteres wichtiges Thema für die Kreditkarte. Sie werden es bald erleben, daß im ganzen Land keine Telefonzellen mehr stehen, sondern Datensichtgeräte oder PC-ähnliche Geräte, über die Sie den Zugang wie bekommen? Erraten: über Ihre *eine* Karte! Genauso werden Sie bald die *eine* Karte für den Zugang zu Ihrem eigenen PC benötigen, nicht um ihn anzuschalten, aber um Zugang zu bestimmten kostenpflichtigen Internetseiten zu bekommen. Das Lesegerät für die Karte wird selbstverständlich in den Computer integriert sein. Heute wird für viele geschäftliche Vorgänge im Internet noch Ihre Kreditkartennummer abgefragt. In Zukunft wird das maschinelle Lesen Ihrer Karte das bisherige Eintippen der Kreditkartennummer ersetzen.

Die geschilderte Entwicklung wird eine doppelte Kontrolle Ihres Privatlebens ermöglichen, einerseits über die Verfolgung der finanziellen Transaktionen über die Karte, andererseits über die Registrierung aller Internetseiten, die Sie aufrufen.

Was hat die Karte mit dem »Mal« der Bibel zu tun? Die Karte wird sich zu einem universalen Kontrollinstrument entwickeln. Ist es nicht vorstellbar, daß die mächtigen Instanzen dieser Erde geringes Interesse daran haben, daß Sie sich als freier Mensch unkontrolliert bewegen können? Die *eine* Karte wird eine Überwachung all Ihrer Schritte ermöglichen und die ungehinderte Kontrolle über Ihre finanziellen Möglichkeiten und Transaktionen. Kontrolle und Versklavung des Menschen sind das Thema unseres Bibelabschnitts. Dabei spielt die Karte eine wichtige Rolle. Sie ist aber nicht der letzte Schritt, der im Spiel um die Macht über die Menschheit unternommen wird.

Denn: Kreditkarten scheinen praktisch, sind aber extrem

unsicher. Schon heute gehen den Betreibern und auch den Benutzern Millionenbeträge durch Diebstahl oder Fälschung verloren. In amerikanischen Restaurants ist es Sitte, beim Bezahlen mit der Kreditkarte vor den Augen des Kunden das Durchschreibepapier der Kartenabrechnung zu vernichten, um eine nachfolgende Fälschung zu erschweren.

Was wäre also naheliegender, als nach einer Identifikation für jeden einzelnen Menschen zu suchen, die fälschungssicher ist. Man müßte etwas finden, das jeden Menschen völlig verläßlich identifiziert, etwas, das noch besser wäre als ein fälschungssicherer Personalausweis oder eine Kreditkarte. Dieses Kennzeichen könnte man in Verbindung mit der Karte verwenden oder auch für sich allein gestellt.

Wie wäre es mit dem menschlichen Körper? Genau dieses wird geplant! Stellen Sie sich diese Bequemlichkeit vor. Sie gehen in den Supermarkt. Bargeld gehört lange der Vergangenheit an. Sie brauchen auch keine Karte mehr zu zücken und irgend etwas zu unterschreiben. Sie legen einfach Ihre flache Hand mit dem auf der Handfläche angebrachten »Mal« auf einen Zeichenleser, und schon wird Ihnen der richtige Betrag von Ihrem Konto abgebucht.

Erste Versuche werden bereits mit der automatischen Erkennung von Fingerabdrücken gemacht. Auf der Computermesse Cebit 1998 in Hannover waren die ersten Handys zu bewundern, die ein kleines Sensorfeld dazubekommen haben. Der Benutzer hält seine Fingerkuppe auf das Handy und identifiziert sich damit eindeutig. Was für das Handy taugt, sollte im Internet bzw. auf seinen Zugangs-PCs erst recht funktionieren.

Noch im Jahre 1997 war ungewiß, ob die Erkennungssoftware für Fingerabdrücke nicht zu aufwendig ist und ob man nicht dazu übergehen würde, ein digital leichter zu erkennendes Mal zu verwenden, das auf die Haut des Menschen aufgebracht wird. Zwei Jahre später, im Jahre 1999, werden bereits die ersten Computer-Tastaturen angeboten, die in der Seite einen eingebauten Scanner besitzen, der den Fingerabdruck digital abnimmt und speichert. So etwas nennt man »biometrisches« Erkennen des Benutzers. Ist Ihr Fingerabdruck nicht registriert, wird Ihnen der Zugang zum PC verweigert. Die Tastatur ist nicht wesentlich teurer als eine herkömmliche und wird etwas witzig als »James-Bond-Tastatur« vorgestellt (PC Direkt, 6/99). Die Risiken liegen im wahrsten Sinne des Wortes klar auf der Hand: Genauso leicht, wie Hacker Zugang zu Ihren auf dem PC gespeicherten Dateien bekommen können, haben sie jetzt auch die Möglichkeit, Ihre Fingerabdrücke auszulesen!

Die »International Biometric Industry Association« (IBIA) erklärt, daß es um die Sicherheit biometrischer Daten ausgesprochen schlecht bestellt ist. In Kalifornien wird ein Gesetz vorbereitet, das die kommerzielle Weitergabe von biometrischen Daten verbietet. Selbst wenn ein solches Gesetz weltweit erlassen würde, ist das keine Garantie für den Schutz dieser Daten. Und wohlgemerkt: Es geht um die kommerzielle Weitergabe, der Staat ist vom Verbot ausgenommen. Dr. Joachim Jacob, Bundesbeauftragter für Datenschutz, fordert: »Biometrische Daten müssen im Besitz der Betroffenen bleiben.« (CHIP 6/99) Mehr zum Problem der biometrischen Daten werden Sie im Kapitel »Die ›smarte‹ Karte« finden.

Wie »sicher« solche biometrischen Daten sein werden, wenn sie erst einmal in großem Stil erfaßt worden sind, können Sie aus einer Meldung der Washington Post vom 18. 2. 99 ersehen. Im Artikel »U.S. Helped Fund License Photo Database«[2] wird berichtet, daß eine Firma in New Hampshire, die

---

[2] deutsch: Die amerikanische Regierung half, eine Führerscheinfoto-Datenbank zu finanzieren.

eine nationale Datenbank mit allen Führerscheinfotos aufbauen will, im vergangenen Jahr 1,5 Millionen Dollar aus Regierungsgeldern und technische Unterstützung vom amerikanischen Geheimdienst bekam. Die im Artikel wiedergegebene offizielle Begründung von Kongreßmitgliedern leuchtet natürlich ein: Die verwendete Technologie habe ein großes Potential, um Kreditkarten und Scheckbetrug zu reduzieren, auf Flughäfen die Chancen des Terrorismus zu verringern und die Einwanderungsbehörden bei der Personenidentifizierung zu unterstützen. Das verwendete Computernetz sei sicher. Wie anfällig aber tatsächlich die Computernetze der amerikanischen Regierung gegen einen Hackerangriff von außen sind, ist durch Presseberichte mehrfach berichtet worden.

Eine weitere Möglichkeit für eine eindeutige persönliche Identifikation wäre ein eingepflanzter Chip. Das ist keine Zukunftsmusik, sondern die Chips werden, wie bereits erwähnt, bereits Tieren unter die Haut gepflanzt! Der Chip ist nur so groß wie ein Reiskorn, hat eine zehnstellige Erkennungsnummer gespeichert und kann von außen gescannt, also abgefragt werden. Produzent ist die »American Veterinary Identifications Devices«, die diesen Chip auf den Markt brachte, um verlorengegangene Haustiere bzw. ihre Besitzer identifizieren zu können. Ein noch leistungsfähigerer Chip, der noch weit mehr Daten speichern kann, ist in Arbeit (nachzulesen im »Stern«-Artikel »Chip am Hals«, Ausgabe 13/98). Ein solcher Ausweis kann Ihnen nie wieder verloren gehen. Ist das nicht ideal?

Gehen wir 20 Jahre in die Zukunft. Sie sitzen vor einem PC. Vor einem x-beliebigen, denn überall sind diese inzwischen zur öffentlichen Benutzung aufgestellt. Der PC tastet Ihre Stirn nach Ihrer Lasertätowierung oder dem eingebauten Chip ab, und schon weiß er, wer vor ihm sitzt, ob Sie eine

Zugangsberechtigung haben und welche Computerdienste Sie benutzen dürfen. Firmenauweise oder sonstige Ausweise sind nicht mehr nötig. Sie können darauf wetten, daß man versteht, auch diese Entwicklung den Menschen plausibel und schmackhaft zu machen. Oder werden Sie hoffentlich zu denjenigen gehören, die spätestens hier laut aufschreien und sich eine solche Vergewaltigung Ihrer Persönlichkeit nicht gefallen lassen? Sie – oder Ihre Kinder – haben die Wahl.

Diese Wahl wird Ihnen allerdings sehr schwer gemacht werden. Denn ohne Zugangsberechtigungen, ohne das Recht, zu kaufen und zu verkaufen, sind Sie ein Nichts. Sehen wir uns noch einmal zur Erinnerung den Bibeltext an:

*13.17*
*Keiner soll kaufen oder verkaufen können, der nicht den Namen des Tieres oder die Zahl seines Namens als Zeichen und Prägung an sich trägt...*

Auf gut deutsch: Sie werden gebrandmarkt! Ihnen wird ohne ein »Mal« die Existenz unmöglich gemacht. Sehen Sie die Macht des Tieres bzw. des dahinter stehenden Drachens? Und verstehen Sie jetzt, warum dieses Buch keine neutrale Darstellung der Sachverhalte bleiben konnte?

# Wieso bald jeder Nachrichtendienst weiß, wo Sie sich befinden

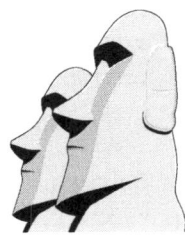

Im Zusammenhang mit den Kontrollmöglichkeiten über die Karte und das Internet haben wir schon festgestellt, daß Ihre Reiseaktivitäten nicht ganz unbemerkt bleiben. Wir wollen dies zum Anlaß nehmen, uns den gesamten Kontrollapparat zu vergegenwärtigen, dem wir jetzt schon ausgesetzt sind und an den wir uns (leider) gewöhnt haben, und danach die Kontrollmöglichkeiten, die wir in Zukunft mindestens zu erwarten haben.

In Deutschland, wie auch in vielen anderen Ländern, befinden wir uns in der folgenden Situation:

- Sie müssen an Ihrem Wohnsitz polizeilich registriert sein.
- In jedem Hotel müssen Sie eine Registrierung ausfüllen.
- Ihr Kraftfahrzeug ist registriert.
- Ihr Arbeitsverhältnis sowie Ihr Verdienst sind bekannt.
- Die Vermögensverhältnisse müssen dem Staat offengelegt werden.
- Telefon- und Briefgeheimnis sind bei begründetem Verdacht auf kriminelle Tätigkeit (und manchen Berichten zufolge auch sonst!) nicht gewährleistet.

- Satellitenaufnahmen können nachweisen, ob Sie zu einer bestimmten Zeit Ihr Auto zu Hause oder anderswo geparkt haben! (Es reicht allerdings noch nicht zur Nummernschilderkennung.)
- Bei Auslandsflugreisen wird Ihre Paßnummer registriert.
- In vielen öffentlichen Einrichtungen unterliegen Sie einer automatischen Videoüberwachung.
- Betriebsbereite Handys melden regelmäßig Ihren Standort! (Wußten Sie das?)

Die folgenden Kontrollmöglichkeiten bahnen sich an und sind zum Teil schon Wirklichkeit geworden:

- All Ihre Käufe und Verkäufe werden über Kreditkarte, Geldkarte und Internet registriert.
- Im ISDN-Telefonnetz werden alle Rufnummern Ihrer Gesprächspartner gespeichert.
- Alle Reisebuchungen und Auslandsaufenthalte werden bekannt.
- Die elektronische Post über das Internet wird automatisch nach »interessanten« Suchbegriffen gefiltert.
- Ihr ärztlich festgehaltener Gesundheitszustand ist im Internet abgelegt.
- Der Raum, aus dem heraus Sie Ihren PC bedienen, unterliegt einer Video- und Abhörkontrolle. (Ist auch heute schon ein Problem bei Anrufbeantwortern mit Raumüberwachungsfunktion.)
- Angeblich herrscht Informationsfreiheit, aber gewissen Quellen zufolge sind die offiziellen Nachrichten, die weltweit durch Nachrichtenagenturen verbreitet werden, bereits vorgefiltert. Das heißt, Sie erfahren durch die Medien nur das, was Sie erfahren sollen. Bücher, die sich bemühen, solche Fakten und Praktiken aufzudecken, werden im ge-

samten deutschsprachigen Raum verboten. Siehe Bibliographie.

Empfinden Sie sich noch als freier Mensch? Oder eher als »Homo connectus« (wörtlich übersetzt: der verbundene Mensch), wie der Internet-Benutzer schon manchmal genannt wird, frei übersetzt »der Mensch an der Leine«?

Die Informationsquellen, die interessierten Staatsorganen und Geheimdiensten früher zur Verfügung standen, waren noch verstreut zu finden bzw. national und international auf verschiedene Rechner verteilt, die nicht alle untereinander vernetzt waren. Mit zunehmender Vernetzung und der Einführung des Internets in jedem Gesellschaftsbereich ändert sich diese Situation dramatisch. Ein »Hacker«, ob zum Privatvergnügen oder »dienstlich« unterwegs, kann sich von praktisch jedem Rechner mit Netzzugang alle Informationen über Sie besorgen. Ein ironischer Appell wäre: Führen Sie ein interessantes Leben, damit die Beobachter Spannendes zu verfolgen haben!

# 666: Die Zahl des Tiers

Die berühmte Zahl »666«, die Zahl des Tiers, hat die Menschen, seit die Offenbarung des Johannes existiert, fasziniert und vielen ein Rätsel aufgegeben. Um dieses Rätsel zu lösen und auch die bisherigen Lösungsansätze zu verstehen, unternehmen wir einen kleinen Ausflug in die alte Wissenschaft der Zahlen[1]. Zur Erinnerung sei noch einmal die Textstelle aus der Johannes-Apokalypse zitiert:

*13.17–18:*
*Keiner soll kaufen oder verkaufen können, der nicht den Namen des Tieres oder die Zahl seines Namens als Zeichen und Prägung an sich trägt.*
*Hier spricht die Weisheit selbst. Wer Verstand besitzt, der suche den Sinn, den die Zahl des Tieres hat. Es ist die Zahl des Menschen. Und seine Zahl ist 666.*

---

[1]  Auch als Zahlenmystik bezeichnet. Sie ist eine uralte Wissenschaft von der tieferen geistigen Bedeutung der Zahlen und ihren Beziehungen zu den Buchstaben des Alphabets.

Wieso werden in der Bibel der Name und die Zahl des Tieres gleichgesetzt? Was haben Namen und Zahlen, Buchstaben und Ziffern miteinander zu tun?

Das uralte Wissen, das den Analogien zwischen Sprache und Mathematik zugrundeliegt, hat in der heutigen rationalen und wissenschaftlich orientierten Zeit seinen Platz verloren, und nur wenige Menschen beschäftigen sich noch mit diesen Themen.

Früher allerdings, das heißt im Altertum bis ins Mittelalter hinein, galt die Wissenschaft der Zahlen als ein ernst zu nehmendes Wissensgebiet. Sie war (und ist) eine Disziplin der jüdischen Kabbala, einer Wissenschaft, die für sich in Anspruch nimmt, den Menschen und das Universum in allen Teilen erklären zu können. Tatsächlich verhält es sich so, daß das Wissen um Buchstaben und Zahlenbeziehungen außer als Teilgebiet der Kabbala schon immer ein Teil aller Hochkulturen der Welt war, unabhängig von Religion und Sprache.

Was hat es nun mit der Beziehung von Buchstaben und Zahlen auf sich? Man geht in der Zahlenmystik, wie wir dieses Gebiet jetzt der Einfachheit halber weiter nennen wollen, davon aus, daß alle Kräfte des Universums und auch alle Eigenschaften des Menschen durch Ziffern bzw. Zahlen ausgedrückt werden können. Diese Ziffern sind für den Eingeweihten dieses Wissensgebietes sozusagen Symbole, Codes oder Platzhalter für die entsprechenden kosmischen Kräfte oder Energien.

Das eben Gesagte gilt genauso für die Buchstaben. Jeder Buchstabe hat in diesem mystischen Wissensgebiet eine sehr umfassende Bedeutung. Das Interessante aber ist: Da sowohl Buchstaben als auch Zahlen sich mit den gleichen Kräften beschäftigen, kann man Buchstaben mit Ziffern gleichsetzen. Man muß nur den Schlüssel für die korrekte Zuordnung besitzen. Einen solchen Schlüssel liefert zum Beispiel die jüdische Kabbala. Aus diesem Grunde kann man jede aus mehreren Ziffern zusammengesetzte Zahl auch als ein bestimmtes Wort wiedergeben und umgekehrt.

Mit diesem Wissen als selbstverständlichem Hintergrund haben sich in den letzten 2000 Jahren die Mystiker der christlichen Nationen bemüht, die Zahl »666« zu entschlüsseln, wobei es sehr auf die richtige Übersetzung der entsprechenden Bibelstelle ankommt. Einige Übersetzer schreiben »666 ist die Zahl *des* Menschen«, andere übersetzen folgendermaßen: »666 ist die Zahl *eines* Menschen«, also einer bestimmten Person.

Dies macht einen großen Unterschied, denn bei der Suche nach einer Person, deren Zahlenwert 666 nach Meinung vieler Mystiker den sogenannten »Antichristen« symbolisieren sollte, liefen viele Forscher vollkommen in die Irre. Wir geben hierfür ein Beispiel:

Forscher der Neuzeit boten folgende Interpretation für die Zahl »666« an: Es sei der römische Kaiser Nero gemeint gewesen, auf lateinisch »Nerun Kesar«:

| N | R | U | N | K | S | R | (Nerun Kesar) |
|----|-----|---|----|-----|----|-----|------------|
| 50 | 200 | 6 | 50 | 100 | 60 | 200 | Summe: 666 |

Die Zahlenzuordnungen entsprechen jener der hebräischen Kabbala. Man arbeitet hier mit einer typischen Methode der Zahlenmystiker, der Quersummenbildung. Vokale wurden selten mitgezählt bzw. ausgelassen, einige gibt es im jüdischen Alphabet gar nicht (siehe Tabelle Seite 83). Die Schreibweise erfolgt im Hebräischen eigentlich von rechts nach links. Im Interesse des ungeübten Lesers haben wir auf deutsche Schreibweise umgestellt, also von links nach rechts.

Interessierte Leser können hierzu das Buch »Die Kabbala« des legendären französischen Okkultisten Papus zu Rate zie-

| Hebräischer Buchstabe | Name des Buchstabens | Entsprechung im deutschen Alphabet | Zahlenwert |
|---|---|---|---|
| א | Aleph | A | 1 |
| ב | Beth | B | 2 |
| ג | Ghimel | G | 3 |
| ד | Daleth | D | 4 |
| ה | He | E | 5 |
| ו | Vau | V, W (U,O) | 6 |
| ז | Zain | Z | 7 |
| ח | Chet | H | 8 |
| ט | Theth | T | 9 |
| י | Iod | I | 10 |
| כ | Caph | Ch | 20 |
| ל | Lamed | L | 30 |
| מ | Mem | M | 40 |
| נ | Noun | N | 50 |
| ס | Samech | S | 60 |
| ע | Hain | Gh | 70 |
| פ | Phe | Ph | 80 |
| צ | Tsade | Ts | 90 |
| ק | Coph | K | 100 |
| ר | Resch | R | 200 |
| ש | Shin | Sh | 300 |
| ת | Thau | Th | 400 |

*Die Zahlenwerte des hebräischen Alphabets*

hen. Dieses Standardwerk entwickelte Papus auf der Grundlage berühmter kabbalistischer Schriften, wie des »Sepher Jezira« und des »Zohar«. Auf diesen Werken und dem darin enthaltenen Schlüssel bauten ebenfalls die Okkultisten Fabre d'Olivet und Eliphas Levi auf und verdankten ihnen große Erkenntnisse.

Das zweite Deutungsbeispiel zielt auf ein ganzes Volk, das mit der »666« gemeint sei. Ein Menschentyp, der nach Ansicht der alten Mystiker in Frage kam, war der generelle Typ des Römers, des »Lateinos«. Der zugrunde liegende Zahlenschlüssel ist aber ein anderer als beim ersten Beispiel. Die Deutung stammt von Irenäus, einem berühmten Kirchenlehrer des 2. Jahrhunderts. Er benutzte das griechische Zahlenalphabet:

| L | A | T | E | I | N | O | S | |
|----|----|-----|----|----|----|----|-----|------------|
| 30 | 1 | 300 | 5 | 10 | 50 | 70 | 200 | Summe: 666 |

Geht man davon aus, daß die Offenbarung des Johannes ursprünglich in griechischer Schrift niedergeschrieben wurde, sollte man auch das griechische Alphabet und Zahlensystem benutzen. So jedenfalls meinen einige Zahlentheoretiker und Bibelexperten.

Im griechischen Alphabet gibt es die folgenden Zahlenzuordnungen, die für uns, im Zusammenhang mit der Deutung der »666«, wichtig sind:

| 600 | = | chi |
|-----|---|--------|
| 60  | = | xi |
| 6   | = | stigma |

*Chi* steht für Gottvater oder Besitzer, *xi* bedeutet: sich einverstanden erklären, willens sein, wollen, und *stigma* kommt von *stizo* (pieksen, stechen) und bezeichnet eine eingestochene Markierung.

Demnach steht die »666« für eine Markierung, die mit oder ohne Einverständnis des Menschen durch Einstechen an ihm zur Besitzkennzeichnung oder als Zeichen der Zugehörigkeit angebracht wird. Auch das ursprüngliche griechische Wort für das Mal *(charagma)* steht für einritzen oder stechen und leitet sich von dem Wort *charasso* ab, das »etwas zu einer Spitze schärfen« bedeutet.

Wie dieses eingeritzte oder eingestochene Mal aussehen könnte, wird im Kapitel »Die Spritze zum ›Glück‹« beschrieben. Wie schon erwähnt, ist der Mikrochip, der mittels einer Spritze unter Ihre Haut implantiert werden könnte, bereits verfügbar. Er wird inzwischen weltweit als »Kennmarke« für Tiere eingesetzt sowie an Häftlingen und Babys getestet[2]!

Genau wie beim zweiten Deutungsbeispiel des christlichen Zahlenmystikers Irenäus neigten auch andere Forscher der Übersetzungsalternative zu, daß die Zahl »666« der Apokalypse nicht einen einzelnen Menschen oder eine noch in Erscheinung tretende reale Persönlichkeit bezeichnet, sondern daß die Zahl des Tiers dem Menschen als Gattung zuzuordnen sei. Noch genauer gesagt: Man sah ein »Geistwesen«, das seinen Einfluß im menschlichen Bewußtsein und durch alle Menschen ausübt. (Was unter einem Geistwesen zu verstehen ist, werden wir ausführlich im Kapitel »Das Tier und seine Drahtzieher« erörtern.) Zu diesen Mystikern, die die »666« als ein im Menschen wirkendes Geistwesen interpretierten, gehörte der berühmte Kabbalist Agrippa von Nettesheim, der im 15. und 16. Jahrhundert in ganz Europa wirkte und lehrte. Er kombinierte unter Verwendung der hebräischen Kabbalah folgendes:

---

[2]  www.geocities.com/Athens/Acropolis/4824/chipf.htm

| S | V | R | TH | (Sorath) |
|---|---|---|----|----------|
| 60 | 6 | 200 | 400 | Summe: 666 |

Unter Ergänzung der notwendigen Vokale ergibt sich der Namen des Geistwesens Sorath. In diesem Beispiel wird wiederum der oben genannte Zahlenschlüssel für das hebräische Alphabet angewandt (siehe Tabelle Seite 83). Die Schreibweise weicht von der bei uns üblichen ab, da das hebräische Alphabet andere Laute als das unsrige enthält. Das »A« wird, wie im Namen Sorath, oft gar nicht geschrieben. Auch ist es wichtig zu wissen, daß in diesem Alphabet weder ein »U« noch ein »O« existiert. Die deutschen Laute »U«, »O«, »V« und »W« werden alle durch den hebräischen Buchstaben »V« wiedergegeben. Wenn Sie übrigens alte deutsche oder lateinische Inschriften studieren, werden Sie feststellen, daß auch darin der Buchstabe »U« durch ein »V« repräsentiert wird. Dem Buchstaben »V«, im Hebräischen »vau« genannt, ist der Zahlenwert 6 zugeordnet.

Das Geistwesen Sorath wird in der Kabbala als ein Prinzip der Knechtung und Manipulation der Individualität verstanden, als eine Kraft, die den »niederen« Menschen oder – noch besser ausgedrückt – die niederen Qualitäten im Menschen stärkt. Rudolf Steiner, der Begründer der Anthroposophie, bezeichnet Sorath gemäß der kabbalistischen Lehre als »Sonnendämon«. Er nennt ihn den Erzfeind aller Entwicklung, den Verneiner jeder Wandlung, ein Prinzip, das den Menschen zur völligen Verhärtung im äußeren physischen Leben führt[3].

Es existieren heute eine ganze Reihe numerologischer Ansätze, in denen der Beweis versucht wird, die Worte »Internet«, »Computer« und auch die Namen diverser bekannter

---

[3] Rudolf Steiner: Die Apokalypse des Johannes, 11. Vortrag

Persönlichkeiten der Gegenwart der Zahl »666« zuzuordnen. Solche Zahlenkunststücke regen den einen vielleicht zum Schmunzeln an, den anderen aber zum Nachdenken. Wer sich hiermit beschäftigen möchte, findet im Internet einiges Material[4].

Mit diesen Beispielen soll es genug sein. Bevor wir uns der zuletzt beschriebenen Deutung der Zahl »666« als »Sorath« weitestgehend anschließen werden, sei noch etwas über den Buchstaben »W« unseres Alphabets gesagt, der ja gemäß dem kabbalistischen Schlüssel für den Buchstaben »V« der Ziffer »6« entspricht. Jeder Buchstabe hat auf verschiedenen Seinsebenen seine Bedeutungen oder steht symbolisch für Kräfte, die sich positiv oder negativ benutzen lassen – dies gilt ebenfalls für die Zahlen und im übrigen auch für Symbole.

Der Buchstabe »W« repräsentiert zwar auf der spirituellen Ebene eine kosmische All-Liebe, auf der astralen Ebene die Fähigkeit, aus der Entfernung alles hören und sehen zu können, auf der materiellen Ebene aber die Fähigkeit, alles auf der Erde unter Kontrolle zu bringen, sich alle Wesen dienstbar zu machen und beliebige Täuschungen oder Fehlmeinungen verschiedener Art augenblicklich hervorzurufen. Hierbei beziehen wir uns auch auf die detaillierten Bedeutungen der Buchstaben, die uns Franz Bardon, ein bekannter Eingeweihter dieses Jahrhunderts, hinterlassen hat.

Wie bauen wir das nun alles zusammen?

Ganz einfach: Zur Anmeldung im Internet bzw. zum Aufruf verschiedener Seiten oder Anbieter im Internet muß der Benutzer die Buchstaben »www« als Anfang einer Adresse eingeben, wobei »www« die Abkürzung für das World Wide Web darstellt. Dieser dreifache Code »www« entspricht der Zahl »666« und damit dem Widersacher des Menschen, dem

---

[4] www.xs4all.nl/~avg/666.html

Geistwesen Sorath! (Weitere Erläuterungen im Kapitel »Das Tier und seine Drahtzieher«.) Jeder Internet-Benutzer tippt also mehrfach – denn in der Regel ist es mit dem Aufruf und Betrachten einer einzigen Internet-Seite nicht getan – die drei Ziffern »666« ein, getarnt als »www«! Dies ist sicherlich kein Zufall, denn bestimmte Kreise wissen um das kabbalistische System und um seine Wirkungskraft.

Das Internet ist damit ein wichtiger Repräsentant der »666«, aber nicht identisch damit. Das Internet ist das bislang letzte Glied in einer möglicherweise ausgesprochen bedrohlichen Entwicklung, eingebettet in ein langfristig geplantes Szenario, das erst alle Menschen mit Banken und Behörden vernetzt und dann völlig kontrollierbar und abhängig macht.

»666« als Zahl des Tiers, ein Tier des Namens Sorath, ist nach der Wissenschaft der Zahlen ein Symbol für den übersteigerten Rationalismus des Menschen, für den reinen Verstand, der, ungesteuert durch Ethik oder Moral, eiskalt seine Ziele verfolgt und seine Umwelt und Mitmenschen unter Kontrolle bringen will. Abgelöst von der Ethik stellt es eine große Gefahr dar, auch wenn der rationale, materialistische und wissenschaftliche Geist uns viele Errungenschaften gebracht hat.

Hier begegnet uns die kalte Natur des Tieres, die der Natur des biblischen Drachens (siehe das Kapitel »Die Offenbarung des Johannes«) gleich ist: Unterjochung des individuellen Menschen, Einengung seiner immensen Fähigkeiten auf das rein Rationale, Ausübung von Kontrolle und Macht um jeden Preis. Diese Gefahr gilt es zu erkennen und ihr entgegenzuwirken.

Die mehr religiöse Auslegung der »666« als Antichrist ist so verkehrt gar nicht, wenn man darunter eine Geistesströmung versteht, die solche positiven menschlichen Werte wie Liebe, Mitgefühl, Wohlwollen, Tugend und Spiritualität ignoriert und anstelle dessen nackten Rationalismus, intellektuelles Denken und Materialismus setzt.

Die Zahl »666« sieht uns aus dem World Wide Web nicht das erste Mal an. Sie werden schon alle längst damit seit Jahren konfrontiert. Wo, das lesen Sie im nächsten Kapitel.

# Die Zahl 666, Hopi-Indianer und Strichcodes

Bei den Hopi-Indianern Nordamerikas gibt es eine alte Prophezeiung:

*Keiner wird kaufen oder verkaufen können, wenn er nicht das Zeichen des Bären hat. Wenn dieses Zeichen zu sehen sein wird, dann kommt der dritte große Krieg.*

Kommt Ihnen diese Prophezeiung bekannt vor? Wie kommt es, daß sich die Ausagen der Prophezeiung des Johannes und die der Hopi-Indianer fast decken?
Hier noch einmal die Formulierung der Bibel:

*Keiner soll kaufen oder verkaufen können, der nicht den Namen des Tieres oder die Zahl seines Namens als Zeichen und Prägung an sich trägt.*

*Hier spricht die Weisheit selbst. Wer Verstand besitzt, der suche den Sinn, den die Zahl des Tieres hat. Es ist die Zahl des Menschen. Und seine Zahl ist 666.*

Sehen wir uns das »Zeichen des Bären« der Hopis genauer an, kommt das nächste Aha-Erlebnis. Das Zeichen sehen Sie in der linken Abbildung dargestellt, rechts daneben einen Barcode unserer Zeit, wie er momentan für Warenauszeichnungen immer üblicher wird:

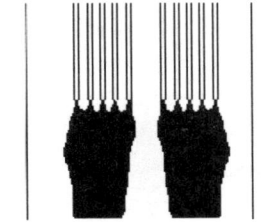

*Abb. 3a: Zeichen des Bären der Hopi-Indianer*

*Abb. 3b: Strichcode (Barcode)*

Gibt es nicht eine gewisse Ähnlichkeit?

Sehen wir uns diese Strichcodes etwas genauer an. Sie bergen nämlich ein kleines Geheimnis. Strichcodes (auf englisch: Barcodes oder UPC = Universal Product Code) wurden ursprünglich eingeführt, um eine leichte Maschinenlesbarkeit der Warenauszeichnungen zu erreichen. Da herkömmliche Buchstaben- und Zahlenaufdrucke auf den Packungen offensichtlich Schwierigkeiten beim Lesen machen oder vielleicht, weil sie weniger auffällig sind und somit die Gefahr besteht, daß die falschen Zahlenkombinationen eingelesen werden, hat man sich für eine Codierung in Form von senkrechten Strichen entschieden, wobei jeder Strich bzw. jedes Strichpaar eine Zahl darstellt. Diese Striche werden mit sogenannten Lesepistolen eingelesen, oder man schiebt die Ware, wie heute in vielen Supermärkten üblich, über eine Glasscheibe, unter der sich ein Lesegerät befindet.

Wie sind die Strichcodes entstanden? Der Erfinder ist ein Schweizer namens Heinrich Weiss. Er hatte als Besitzer einer

Druckerei das Problem, daß die Faltschachteln, die er herstellte, genauestens in ihren verschiedenen Typen gekennzeichnet werden mußten. Das war besonders wichtig für Schachteln, die er für Medikamente herstellte. Es durften sich keine Verwechslungsmöglichkeiten ergeben. Das Kontrollieren und Sortieren der Schachteln kostete ihn viel Zeit und Geld. Seine Arbeiterinnen hatten zu der Methode gegriffen, farbige Striche an den sortierten Stapeln anzubringen. Als er in einem Bürogebäude eine Lichtschranke sah, kam ihm die zündende Idee: maschinell lesbare Striche. Bis zum Patent und einer vorführbaren Lösung verging noch einige Zeit, aber dann war es soweit: Er konnte die Erfindung anderen Firmen vorstellen und schließlich sein Patent an die Firma Ciba Geigy verkaufen.

Heute ist die Vergabe von Strichcodes durch die Centrale für Coorganisation (COO) geregelt. Will man für sein Produkt einen Strichcode verwenden, muß man Mitglied dieser Organisation werden.

Ohne Strichcode ist heute der Vertrieb eines Produktes bereits ein Problem und in vielen Fällen sogar unmöglich.

Es sind heute noch Barcodes unterschiedlicher Länge und Systematik in Gebrauch. Sie finden sie auf Lebensmittel-Packungen, Büchern oder Medikamenten. Das Strichcode-System, das uns jetzt im Zusammenhang mit der Zahl »666« interessieren soll, ist das am weitesten verbreitete. Sie finden es auf allen abgepackten Lebensmitteln und fast jeder Art von Waren.

Für jede Ziffer in diesem Code gibt es eine Strichkombination, sie wird immer durch ein Strichpaar dargestellt. Auch der Abstand zwischen den Strichen spielt eine Rolle. Eine »6« sieht als Strichcode in der rechten Hälfte folgendermaßen aus (die fünf Ziffern der linken Hälfte stellen den Herstellercode dar; hier werden die Ziffern anders dargestellt als rechts; die rechte Hälfte stellt eine Einzelhändlerinformation dar, z. B. den Preis):

Wenn Sie sich jetzt einen typischen Barcode, z. B. auf Lebensmittelpackungen, ansehen, oder den am Kapitelanfang abgebildeten, können Sie feststellen, daß zur Mittenteilung und auch als Anfangs- und Endebegrenzung jeweils ein längerer Doppelstrich verwendet wird. Und was stellt dieser Doppelstrich dar? Eine »6«! Drei Striche dieser Art geben, schön gleichmäßig angeordnet, die Zahl »666«!

Mit dieser Zahl werden wir bereits seit Jahren sozusagen »bombardiert«, oder man könnte auch sagen, alle unsere Waren werden mit dieser Zahl und damit auch mit der entsprechenden Schwingung imprägniert. Im vorhergehenden Kapitel hatten wir uns damit beschäftigt, daß entsprechend der uralten Wissenschaft der Zahlen jede Ziffer und jede Zahlenkombination als Stellvertreter einer geistigen Schwingung verstanden werden kann. Diese Schwingung kann man mit geeigneten Methoden allen erdenklichen Gegenständen aufprägen. Solche Möglichkeiten werden heute übrigens weltweit benutzt, und leider nicht nur im medizinischen Bereich und nicht nur zu wohltätigen Zwecken. Eine weitere Erörterung dieser äußerst wirksamen Methoden wäre sicherlich spannend, würde aber für dieses Buch zu weit führen. Sie dürfen aber davon ausgehen, daß wir mit solchen Methoden ständig und über verschiedene Medien manipuliert werden.

Bei der Erörterung der Zahl »666« hatten wir festgestellt, daß es sich hier um eine Schwingung handelt, die den Menschen in eine totale Abhängigkeit bringen soll. Für die genauere Erläuterung empfehle ich ein nochmaliges Nachschlagen im vorigen Kapitel.

Ob die Imprägnierung bzw. Kennzeichnung aller Waren mit der Zahl »666« wohl ein reiner Zufall ist? Angesichts der übereinstimmenden Prophezeiungen sieht es eigentlich nicht so aus.

Zu vermuten ist auch, daß man erwägt, einen Strichcode mit der Zahl »666« für die Identifikation von Menschen zu verwenden. Es gibt ja bereits entsprechende Versuche, wobei man sich wahrscheinlich noch nicht schlüssig ist, ob nicht ein eingepflanzter Mikrochip die »bessere« Alternative darstellt.

Wie lange könnte es also noch dauern, bis dieses Zeichen, das »Mal« der Bibel, auf der Stirn erscheint? Wie lange dauert es noch, bis die Angestellten und Arbeiter, die ein Firmengelände betreten, keinen Werkausweis mehr benötigen? Es wird einfach automatisch beim Vorbeigehen ihr Strichcode auf der Stirn eingelesen. Wäre dies nicht äußerst praktisch, oder überkommt Sie, genauso wie mich, ein leises Grauen?

Aber haben Sie keine Angst. Wir werden als Bevölkerung nicht etwa überrollt (meinen ironischen Unterton werden Sie nicht überhört haben). Alles wird in kleinen Schritten eingeführt, sozusagen häppchenweise und leicht verdaulich. Ein möglicher Schritt vor dem Stirnzeichen ist das automatische Scannen Ihrer Augen, genauer gesagt, Ihrer Iris. Die Iris der Augen ist bei jedem Menschen unterschiedlich, genauso wie die Fingerabdrücke, und somit ein eindeutiges Kennzeichen eines jeden. Sie glauben nicht, daß es soweit kommen könnte? Dann lesen Sie bitte den folgenden Artikel, erschienen in der »Frankfurter Rundschau« am 11. 7. 1997:

**»Geldautomaten sollen Kunden künftig an ihrer Augenfarbe erkennen.**

Mit einem Iris-Erkennungs-System möchten die Firmen NCR in Augsburg und Sensar die Geheimzahlen unnötig machen. Den ›sehenden Geldautomaten‹ genügt ein kurzer Blick des Kunden zur Identifikation. Das System soll bereits im vierten Quartal 1997 eingeführt werden. In die neuen Geldautomaten ist eine Kamera integriert. Sie tastet bis zu einem Meter Entfernung die Netzhaut des Benutzers mit einem ›harmlosen Infrarotstrahl‹ ab. Brillen und ›verkaterte‹ Augen seien kein Hindernis. Stimmt das Ergebnis mit der abgespeicherten Vorlage auf der Karte oder im Computer überein, wird die Auszahlung freigegeben. Die neue Technologie bietet, so NCR, einen erhöhten Schutz vor Mißbrauch.«

Ist das nicht eine einleuchtende Argumentation? Stand Oktober 1998: Die ersten Banken in Deutschland haben das System bereits eingeführt.

In einem weiteren Schritt, einige Jahre später, wird man Ihnen als Verbraucher dann wahrscheinlich klarmachen, daß ein anfängliches Einlesen und Abspeichern der Iris viel zu umständlich sei und daß die Unschädlichkeit der häufigen Infrarotabtastung des Auges erst gründlicher nachgewiesen werden müsse. Außerdem hätten Betrüger herausgefunden, wie sie durch künstliche Augeneinsätze das System überlisten können. Viel besser sei es doch, eine unsichtbare Strichcodeinformation auf der Stirn anzubringen…

# Die »smarte« Karte

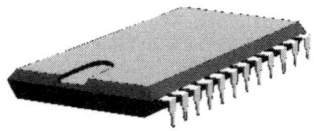

Die Smart Card wird als Vorläufer zum implantierten Chip eingeführt. Schon 1991 war im amerikanischen OMNI Magazin (6/91, S. 59) zu lesen: »Bargeld und Kreditkarten werden bald überflüssig sein.«

Die in der Finanzwelt am schnellsten wachsende Bewegung ist die »Smart Card« (übersetzt: die elegante, intelligente Karte). Diese Karten ähneln Kreditkarten, enthalten aber Computerchips, die einige Ihrer Daten enthalten, wie z. B. die Kontonummer oder medizinische Daten. Weltweit werden – getrieben durch die Banken – die Infrastrukturen aufgebaut, um die Smart Card in globalem Maßstab einzuführen. Sie soll für elektronischen Datenaustausch, finanzielle Transaktionen, im Gesundheitssystem und zu Hause als Identifikation für Transaktionen (z. B. Einkäufe) über den Computer im Internet eingesetzt werden. Weltweit sind bereits Pilotprojekte durchgeführt worden, so in amerikanischen, kanadischen und englischen Städten. Ein Vorläufer für die Smart Card ist Ihre Euroscheckkarte mit dem eingebauten Chip.

Nachrichtendienste und Finanzkreise träumen davon –

und leider schreiten sie bereits zur Tat –, die Smart Card zu einer fälschungssicheren Identifikation weiterzuentwickeln. Einer der Befürworter dieser Entwicklung ist der amerikanische Präsident Bill Clinton. In seinem Buch »Putting People First« ist zu lesen: »Alle Amerikaner werden Smart Cards bei sich tragen.« Es ist allerdings anzunehmen, daß Präsident Clinton nur als Sprachrohr für die mächtigen Banken dieser Welt dient, die den Einsatz der Smart Card forcieren.

Welche Gründe könnten die Banken für den Umstieg auf die Smart Card haben? Nun, es gibt mehrere. Die Smart Card verspricht vor allem mehr Verlustsicherheit für die Banken. Der Kreditkartenbetrug beträgt pro Jahr etwa 1,8 Milliarden DM. Allein Mastercard und Visa könnten jedes Jahr 800 Milliarden DM durch Kreditkartenbetrug einsparen, wenn sie durch Fingerabdrücke abgesicherte Smart Cards verwenden würden. Außerdem ist die Verwendung von Schecks und Kreditkarten teuer und arbeitsaufwendig. Eine total elektronische Transaktion kostet im Durchschnitt umgerechnet 5 Pfennig, Papiertransaktionen kosten hingegen durchschnittlich 1,40 DM. Eine Bank, die täglich eine Million Transaktionen abwickelt, könnte auf diese Weise 1 350 000 DM pro Tag einsparen! Wenn das kein Argument für die elektronische Zahlungsweise ist!

Aus den vielen erhofften und propagierten Vorteilen sei beispielhaft die Bewältigung des Drogenproblems erwähnt. Die Drogenszene arbeitet vorzugsweise mit Bargeld, damit ihre Transaktionen nicht registriert werden können. Die sogenannte Geldwäsche funktioniert nur durch den Zwischenschritt, daß große Bargeldsummen transferiert werden, ehe sie auf irgendeinem Konto auftauchen. Bei einem rein elektronischen Zahlungsverkehr würde jede illegale Transaktion sofort auffallen, so hofft man jedenfalls.

Auch die Finanzämter bzw. Steuerbehörden wären natürlich froh, wenn aller Zahlungsverkehr elektronisch abläuft und dadurch überwachbar wird. Dort »träumt« man sogar schon davon, bei einer Transaktion automatisch die fälligen Steuern einzuziehen: wie schön.

Bei allen diskutierten Vorteilen sollte man sich doch über die Einführung der Smart Card freuen, oder nicht? Einen Hinweis, worauf wir mit dieser Karte hinsteuern, liefert die Frage: »Was passiert denn, wenn ich meine Alles-Könner-Karte verliere?« Diese Frage hatten wir auch schon im Kapitel »Das Mal: Kreditkarten und Körperausweise« gestellt. Und wie kann man vermeiden, daß die Karte gefälscht wird, denn bisher ließ sich noch alles durch den Menschen Hergestellte fälschen?

Die Antwort auf die erste Frage, den befürchteten Verlust, gibt Ihnen das nachfolgende Kapitel »Die Spritze zum ›Glück‹«. Denn der Schutz vor Verlust ist nur dann komplett gegeben, wenn Sie die Karte deshalb gar nicht mehr verlieren können, weil sie an Ihrem Körper angebracht wird, natürlich nicht in Kartenform, sondern als unter die Haut injizierter Chip. Bis es zu dieser Horrorversion kommt, beschäftigt man sich international mit zusätzlichen Identifikationsmechanismen.

Wie könnte ich heute eine fälschungssichere Chipkarte schaffen? Durch irgendein eindeutiges Körpermerkmal. Was unterscheidet jeden einzelnen von uns von seinem Mitmenschen, und zwar so, daß Maschinen den Unterschied erkennen könnten? Hierfür gibt es mehrere Möglichkeiten. Über Computerauswertungen läßt sich heute entweder ein Fingerabdruck erkennen, die Iris der Augen oder die Stimme.

Gleichgültig, welche Identifikation verwendet wird, das elektronisch ausgewertete Resultat wird auf der Smart Card gespeichert. Bei jeder finanziellen Transaktion zum Beispiel wird dann der Fingerabdruck der zahlenden Person mit dem auf der Karte gespeicherten verglichen. Selbstverständlich ist der elektronische Fingerabdruck auch auf einem Zentralcomputer gespeichert, so daß man ganz sicher gehen kann, daß nicht das elektronische Abbild auf der Karte gefälscht wird.

Wenn Sie glauben, daß die eigentlich als entwürdigend empfundene Maßnahme, einen Fingerabdruck hinterlassen zu müssen, Zukunftsmusik ist, muß ich Sie »enttäuschen«. In den USA sind einige Bundesstaaten dazu übergegangen, Wohlfahrtsempfänger zu nötigen, sich mit Fingerabdruck und Smart Card zu identifizieren. So wurde den Einwohnern des Staates Connecticut schon 1996 mitgeteilt: »...im Rahmen des neuen Programms muß jeder Antragsteller und Empfänger der Wohlfahrtsleistungen von Connecticut seine beiden Zeigefinger elektronisch einlesen lassen... Der Staat wird... im Laufe des Jahres... damit beginnen, die Wohlfahrtsempfänger durch Nutzung des NBS Biometrischen Systems zu identifizieren.«

Bei einer Weigerung, sich diesem System zu unterziehen, wird kein Geld ausgezahlt! Vornehm wird solch eine Identifikation als biometrisch bezeichnet. Sie sehen, welchen unangenehmen Zeiten wir entgegengehen, wenn wir uns nicht rechtzeitig dagegen wehren.

Wie weit sind die Betreiber der Smart Card in ihren Bemühungen bereits fortgeschritten, und wer genau sind die Drahtzieher? Die Finanzinstitute kündigen jetzt weltweit die Global Cashless Society (globale bargeldlose Gesellschaft) an. Die Microchip-Technologie auf der Smart Card soll allen bisherigen Geldverkehr durch Kreditkarten, Schecks und Bargeld ersetzen.

Eine Schlüsselrolle spielt die Firma Mondex. Das bargeldlose System mit der Smart Card wird von dieser Firma eingeführt. Bereits mehr als 250 andere Firmen in über 20 Staaten haben Lizenzen erworben, und man erwartet, daß auch die Europäische Union die Smart Card für ihre neue Währung verwenden wird. Mastercard ist mit 51 Prozent an Mondex beteiligt. Die restlichen 49 Prozent sind im Besitz von wenigstens 20 Anteilseignern, bis auf die Firma AT & T sind dies alles Banken.

Die zu beobachtende Tendenz ist: Alle anderen bereits auf dem Markt befindlichen Smart-Card-Systeme werden durch die Mondex-Karte ersetzt. Ein Repräsentant der Firma Mondex, Robin O'Kelly, sagte nach dem Zusammenschluß mit Mastercard: »Dies ist die letzte Phase zu einer weltweiten Einführung. Mit dem Rückhalt durch Master Card gibt es jetzt nichts mehr, was Mondex stoppen könnte.«

Die Keimzelle für das Mondex-System liegt in England bei den Bankiers Tim Jones und Graham Higgins von der Natwest Bank. Dies ist die persönliche Bank des englischen Königshauses! Die Firma Motorola produziert die Chips für die Smart Cards – und übrigens auch für den implantierbaren Microchip (siehe das Kapitel »Die Spritze zum ›Glück‹«).

Alle finanziellen Transaktionen mittels Smart Card werden über das SET (Secure Electronic Transaction)-Protokoll abgesichert, alle Systeme für die Transaktionen werden das SET-Zeichen tragen. Ist es ein Zufall, daß die althethitische Gottheit Set als Satan angesehen wurde?

Der Name Mondex ist übrigens eine Kombination der Worte Monetary und Dexterity. Monetary heißt wörtlich geldlich, hat also mit Zahlungsverkehr zu tun, dexterity heißt »leichte Handhabung« und leitet sich von dexter ab, was rechte Hand bedeutet. Sollten Sie die Kapitel »Die Spritze zum ›Glück‹« und »666. Die Zahl des Tiers« schon gelesen haben, müßten bei Ihnen jetzt die Alarmglocken klingeln. Denn die Smart Card soll ja nach Willen der weltweiten Drahtzieher irgendwann durch ein Implantat auf der rechten Hand ersetzt werden.

Die Beteiligung von Logen wie derjenigen der Freimaurer scheint bei der Entwicklung zur Smart Card offensichtlich. Zumindest ist okkultes Wissen vorhanden, das in schon fast unverschämter Weise bei der Namensgebung eingesetzt wird. Vom amerikanischen Verteidigungsministerium und der Firma Gemplus wurde eine fortgeschrittene Version der Smart Card entwickelt. Der Name hierfür ist Marc (Multitechnology automated reader card). Marc ist auch das englische Wort für Zeichen oder Mal, so auch für das Mal des Tiers in der Offenbarung. Der Codename für die Entwicklung war Tessera. Ein Tessera war in römischen Zeiten das Herrschaftsmal, das Sklaven eingebrannt wurde! 1996 kam es zwischen der Firma Gemplus und Mondex zu einer Vereinbarung, nach der Gemplus die Smart Cards für den weltweiten Einsatz liefern wird. In Werbespots der Firma Mondex war ein Firmenlogo mit drei Ringen zu sehen: ein altes Freimaurersymbol.

Für die USA erwarb die Firma AT&T/Lucent Technologies die Lizenz von Mondex. Ihr Firmenlogo ist das Symbol der Sonnenschlange oder des Roten Drachens, der auch für Satan steht. Lucent ist angeblich eine Kombination von Lucifer-Enterprises. Andere ihrer Produkte heißen Styx (ein Fluß in der Unterwelt) und Inferno. Diese Firma hat absichtlich Büroräume in der Hausnummer 666 in der Fifth Avenue in Manhattan bezogen. Ein Produkt, auf das sie sehr stolz sind, verleiht unbelebter Technologie eine menschliche Stimme. Das Produkt heißt TTS (Text to Speech, übersetzt: Text in Sprache). Dies erinnert uns wieder an den schon zitierten Textabschnitt in der Apokalypse:

*13.15:*
*»Es sorgt auch dafür, daß dem Bilde des Tieres ein Geist eingegossen wird, so daß es sprechen kann.«*

Ein weiteres Projekt, das mit der Smart Card in Zusammenhang steht, heißt Project Lucid. Hier geht es um die Einrichtung eines globalen Polizeiapparates, um alle Bürger dieser Welt zu überwachen, sobald die Universal Biometrics Card (ein anderer Name für die Smart Card) eingeführt wurde. Das System wurde von dem UN-Mitglied Jean-Paul Creusat entwickelt. Creusat ist Repräsentant der UN-INEOA (United Nations International Narcotic Enforcement Officers Association). Ein Artikel über das System erschien in der Zeitschrift Narc Officer. Es scheint Beziehungen zum UN Global Security Program zu geben. Über das Project Lucid ist inzwischen ein Buch von dem Autor Texe Marrs erschienen. In ihm ist zu lesen, daß alle Versuche, die Bedeutung des Namens Lucid von den Entwicklern des Systems zu erfahren, gescheitert sind, so daß auch hier angenommen wird, es könnte so etwas wie Lucifers Identification bedeuten.

Die Firma Mondex steht nicht nur durch die Natwest Bank mit der Londoner Finanzwelt in Verbindung. Viele, wenn nicht die meisten der ursprünglich 17 Finanziers des Mondex-Systems stammen aus dem Londoner Bankendistrikt und gehören dem »Club of The Isles« an, einem Bankenkartell des Hauses Windsor. Dieses Bankenkartell beeinflußt und steuert seit geraumer Zeit entscheidend die Vorgänge der Weltwirtschaft. Es scheint mit Freimaurerlogen in Beziehung zu stehen und beeinflußt nach den Recherchen einiger Autoren die Weltpolitik, die Finanzwelt sowie die Politik und Struktur der Vereinten Nationen. Ihr Ziel ist offensichtlich eine neue Weltordnung mit einer Weltregierung, einer Weltreligion und einer weltweiten elektronisch funktionierenden Ökonomie. Der Führer wird von einigen Autoren »Lord of the Isles« genannt und gar als die Verkörperung der 666 bezeichnet. Ob er aber mit dem britischen Professor Kevin Warwick identisch ist, der sich als erster den Biochip unter die

Haut einpflanzen ließ, sei dahingestellt. Über Professor Warwicks Versuche berichtete der Fernsehsender CNN im März 1996[1]. Professor Warwick ist Leiter des Cybernetics Department der Universität Reading in Großbritannien. Er erregte mit seinem Selbstversuch weltweites Aufsehen. In Interviews bezeichnete Professor Warwick die Chipeinpflanzung als einen wichtigen »Entwicklungsschritt« des Menschen zum Cyborg. Ein Cyborg ist ein Mischwesen aus Mensch und Maschine bzw. Computer.

Falls Sie beabsichtigen, den Trend zur bargeldlosen Gesellschaft zu boykottieren bzw. sich ihm zu verweigern, werden Sie mit zunehmenden Schwierigkeiten rechnen müssen. Der folgende Text ist zum Teil wörtlich, zum Teil sinngemäß einem Aufsatz des christlich orientierten amerikanischen Systemkritikers Chris Beard entnommen:[2]

»Zuerst werden Sie bemerken, daß Sie zunehmend in Ihren Zahlungsmöglichkeiten behindert werden. Sie werden sehr hohe Gebühren für Schecks zahlen, bis zu dem Zeitpunkt, an dem Schecks vollständig aus dem Verkehr gezogen werden. Sie werden unter Druck gesetzt und sogar gezwungen werden, alle Zahlungen und Rechnungsbegleichungen automatisch und elektronisch durchzuführen. Bankgeschäfte müssen Sie über Ihren PC oder über Ihr Telefon abwickeln, weil Bankangestellte und Bankfilialen durch Automaten ersetzt werden. Große Summen Bargeld werden so gut wie unmöglich zu bekommen sein. Bargeld wird zurückgerufen, und die Smart Card wird Pflicht.
Sie werden zu diesem Zeitpunkt feststellen, daß Sie weder Ihre Rechnungen noch den Gemüsehändler bezahlen kön-

---

[1]  http://cnn.com/TECH/computing/9809/02/chippotent.idg/index.html
[2]  http://www.geocities.com/Heartland/Pointe/4171/profeticword.html

nen, wenn Sie keine Smart Card besitzen. Der Eintausch von Gold oder Silbermünzen wird ohne Händlerlizenz für illegal erklärt. Der Gerichtsvollzieher wird auftauchen und Ihr Eigentum beschlagnahmen.«

Im weiteren sieht Beard ausgesprochen schwarz:

»Sie werden unter Arrest gestellt, für geistig gestört erklärt und einem Arbeits-Reformlager zugeteilt. Das Sorgerecht für Ihre Kinder wird Ihnen vom Staat entzogen. Sie werden Arbeitssklave in einem Konzentrationslager werden, das Konsumgüter herstellt. Frauen werden in die Prostitution gezwungen. Sie werden Umerziehungsklassen besuchen, in denen Sie zu einem gehorsamen Staatsbürger in Ihrem stadtähnlichen Supergefängnis werden. Verweigerer werden hingerichtet und ihre Körperorgane weiterverwendet.«

Dieses Zukunftsszenario klingt zwar abartig und unwahrscheinlich, aber einige Autoren vertreten die Meinung, daß heute nicht nur in totalitären Staaten Konzentrationslager existieren und daß diese für die Umerziehung derart unbequemer Staatsbürger genutzt werden. Jeden Monat verschwinden weltweit tausende von Menschen. Wohin?

Dieses kommende System, eine bargeldlose Gesellschaft in einem weltweiten Polizeistaat, wird Ihnen nicht mehr viel Freiheiten lassen. Einige amerikanische kirchliche Gruppierungen, die hier eine Welt des Antichristen heraufdämmern sehen, sagen in aller Klarheit, daß wir besser schon heute daran denken sollten, wie wir außerhalb eines solchen Systems überleben könnten. Ein Entschluß in letzter Minute, sich dem System zu entziehen, käme entschieden zu spät, sofern man überhaupt überleben will. Sie raten dazu, sich in

Gruppen zusammenzuschließen, um schon jetzt eine wirtschaftliche Autarkie zu erreichen. Ein Stück Land, das einer Familie gehört und sie ernähren kann, macht diese z. B. unabhängig. Genau gegen dieses Grundrecht des Menschen aber, ein eigenes Stück Land zu besitzen, wird weltweit gekämpft und manipuliert. Alle Marktmechanismen zielen darauf hin, den Grundbesitz von Kleinbauern unrentabel zu machen.

Sind Sie erst durch eine Weigerung, mit den Trends zur bargeldlosen Gesellschaft mitzuziehen, aufgefallen und verweigern Sie sich den implantierbaren Chips, sind Ihre Chancen groß, völlig mittellos dazustehen, evtl. sogar als Insasse eines Gefangenenlagers zu enden. Es wäre wirklich ratsam, schon jetzt Maßnahmen zu ergreifen, um nicht von der Situation überrascht zu werden.

Die anfangs angeführten Gründe zur Einführung der bargeldlosen Gesellschaft, wie enorme Einsparungen bei den Banken oder durchgängige Kontrolle über alle Bürger, werden natürlich nicht die Gründe sein, die der Öffentlichkeit mitgeteilt werden. Die Argumente sind eher eine bessere Kontrolle der Kriminalität, bessere Eindämmung des Drogenhandels, Bekämpfung des Schwarzmarktes oder gerechte Umverteilung der Besitzverhältnisse nach einem weltweiten Finanzcrash. Die Einführung der Smart Card wird unter Umständen mit großer Geschwindigkeit vollzogen, und bislang stößt sie in Testprojekten auf praktisch keine öffentliche Gegenwehr. In der ersten Versuchsstadt Guelph, Ontario, waren 93 Prozent aller Geschäftsleute sofort bereit, sich an dem System zu beteiligen. 30 bis 40 Prozent aller Familien besitzen dort eine Smart Card.

Auch bei der Health Care Card (Krankenkassenkarte) in den USA handelt es sich ja nicht wirklich darum, das Gesundheitssystem oder die medizinische Versorgung der Menschen zu verbessern. Sie wird dort von den Betroffenen als getarnte National Identity Card gesehen, die es dem Staat ermöglicht, von jedem Staatsbürger möglichst viele persönliche Daten zentral gespeichert zu haben. Das wirkliche Ziel ist die totale Kontrolle über jeden einzelnen. Die Krankenkassenkarten in Deutschland sind als Vorstufe zu einer ähnlichen Regelung aufzufassen. Die nächsten Karten im Gesundheitswesen werden intelligent sein und in dem integrierten Chip persönliche Daten von Ihnen enthalten. Bei jedem Arztbesuch wird die Karte aktualisiert, und die Daten werden einem zentralen Computer zugeführt.

Bei einer der nächsten Ausgaben Ihrer neuen Eurochequekarte werden Sie wahrscheinlich erleben, daß man Ihnen Fingerabdrücke abnimmt! Denn der elektronisch verarbeitete Fingerabdruck wird mit auf der Karte und im Bankcomputer gespeichert. Wie geschildert, sind ja einige amerikanische Behörden schon dazu übergegangen, die Fingerabdrücke als zusätzliche Identifikation zur Smart Card zu verwenden. Überhaupt: Haben Sie eigentlich bemerkt, daß Ihre Euroscheckkarte einen Chip trägt? Fragen Sie doch einmal Ihre Bank, wozu dieser gut ist und was als nächstes zu erwarten ist!

# Die Spritze zum »Glück«

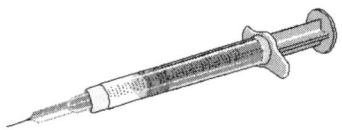

In diesem Kapitel beschäftigen wir uns mit der entwürdigendsten Maßnahme, die man für die ganze Menschheit plant: das Brandmarken durch einen implantierbaren Chip. Versuchsweise hat man ja, wie gesagt, bereits mit Häftlingen und Säuglingen begonnen!

Im Kapitel »Die ›smarte‹ Karte« haben wir gesehen, daß diese intelligente Karte als universelles Zahlungs- und Ausweismittel in Kürze zu erwarten ist. Die Karte ist bei uns längst eingeführt, denn Ihre Eurochequekarten enthalten bereits einen Chip. Die Nutzung als Smart Card, also als generelles und bald ausschließliches Zahlungsmittel, steht allerdings noch aus. Auch das elektronische Einlesen der Fingerabdrücke wird nicht mehr lange auf sich warten lassen, denn schließlich ist die Technologie entwickelt und verfügbar und wird in begrenzten Projekten, wie den amerikanischen Wohlfahrtsprogrammen, bereits zur Identifikation der Empfänger eingesetzt. In Deutschland diskutiert man bereits den Einsatz für Asylanten.

Der entscheidende Schlag zur Entwürdigung der Menschheit kommt erst dann, wenn die Smart Card bereits weltweit flächendeckend eingesetzt wird und zum einzigen Zahlungsmittel geworden ist. Sie werden in Ihrer Zahlungsfähigkeit und damit mit Ihrer ganzen wirtschaftlichen Existenz von dieser einen Karte abhängig sein – die man natürlich verlieren könnte. Genau dieses schon jetzt voraussehbare Argument wird man benutzen, um all denen, die Angst vor einem Kartenverlust haben, sei es durch Diebstahl oder durch eigenes Verschulden, eine ideale Lösung vorzuschlagen: den implantierbaren Chip!

Auch diese Technologie ist bereits vorhanden und wird leider nicht nur zur Identifikation von Haustieren verwendet, wie anfangs propagiert wurde. Die Firma Motorola, die auch den Chip der Smart Card produziert, entwickelte mehrere Bio-Chip-Typen, die Mensch und Tier unter die Haut implantiert werden können. Das Instrument hierfür ist eine einfache Spritze mit etwas größerer Kanüle, durch die ein reiskorngroßer Chip an beliebiger Stelle unter die Haut implantiert wird.

Der Bio-Chip BT952000 wurde von Dr. Carl Sanders entwickelt. Er wurde von seinen Auftraggebern anfangs im Glauben gelassen, daß der Biochip Patienten zugute kommen sollte, die verletzte Nervenbahnen hatten. Die verletzten Stellen sollten mit Hilfe des Biochip überbrückt werden, um wieder eine volle Bewegungsfähigkeit zu erreichen. Angeblich erst später erfuhr er davon, daß sein Chip der Identifikation aller Weltbürger dienen soll! Die übrigens ebenfalls durch den Chip zu erzielenden Verhaltensänderungen(!) beim Menschen sind noch Gebiet intensiver Forschung!

Parallel wurde ein ähnlicher Biochip von dem amerikanischen Juden Dr. Daniel Man entwickelt. Er spricht sich öffentlich dafür aus, daß jeder israelische Bürger einen solchen Chip implantiert bekommen sollte, um Kidnapping und Terrorismus ein Ende zu machen. Warum er mit angeblichen Vorteilen nur für den israelischen Staat argumentiert, bleibt dabei vollkommen uneinsichtig. Mit dem Chip könnte jeder überall auf der Erde lokalisiert werden.

Der Chip selbst ist 7 x 0,75 mm groß, hat also etwa die Größe eines Reiskorns. Er enthält einen kleinen Sender, einen sogenannten Transponder, der auf Anfrage von außen sendet, und eine Lithium-Batterie.

Man wendete 1,5 Millionen Dollar auf, um herauszufinden, welche Positionen am menschlichen Körper am besten für den Biochip geeignet sind. Seine Lithiumbatterie wird durch Temperaturschwankungen des Körpers permanent aufgeladen[1]. Man muß den Chip also dort einsetzen, wo diese Schwankungen am größten sind und wo der Temperaturaustausch mit der Umgebung nicht durch Kleidungsstücke behindert wird. Außerdem muß er leicht von außen »lesbar« sein, darf also nicht zu tief im Körper sitzen. Die optimalsten Injektionsstellen, die man herausfand, sind die Stirn, genau unter dem Haaransatz, und der Handrücken der rechten Hand!!!

Erinnern Sie sich noch an die zitierten Bibelstellen in der Johannes-Apokalypse?

*13.16*
*Weiterhin bewirkt es, daß alle, Kleine und Große, Reiche und Arme, Freie und Unfreie, sich ein Zeichen auf die rechte Hand oder auf die Stirn prägen.*

Die Bibel sagt nicht nur, wo der Chip implantiert wird, sondern auch, welche Probleme er machen wird. Dr. Sanders war gegen den Einsatz einer Lithiumbatterie, denn wenn sie beschädigt würde, zum Beispiel durch mechanische Einwirkung

---

[1] www.neptune.on.ca/~jyonge/skincode.htm

von außen, wäre eine sehr schmerzhafte Beule oder Wunde die Folge. Hierzu sagt die Johannes-Apokalypse:

*16.2*
*Da wuchs den Menschen, die die Prägung des Tieres an sich trugen und die das Bild des Tieres anbeteten, ein böses, unheilverbreitendes Geschwür.*

Als Dr. Sanders die Folgen seiner Erfindung klar wurden und er den weltweit bevorstehenden Mißbrauch ahnte und auch auf die entsprechenden Stellen in der Bibel hingewiesen wurde, trat er zum christlichen Glauben über. Seitdem hält er Seminare ab, in denen er vor dem Einsatz der Identifikationsspritze warnt.

Das griechische Wort, das in der Johannes-Apokalypse für das Mal verwendet wurde, ist *charagma*. Das heißt soviel wie Kratzer, Stempel, Insignie oder Sklavenzeichnung. Wie bereits im Kapitel »666: Die Zahl des Tiers« ausgeführt, heißt die Zahl 666 im Griechischen, wenn man die Ziffernnamen als Worte ausspricht, *chi xi stigma*. Rufen wir uns noch einmal ins Gedächtnis: *Chi* bedeutet Gottvater oder Besitzer, *xi* bedeutet sich einverstanden erklären, willens sein, wollen, und *stigma* kommt von *stizo* (pieksen, stechen) – eine eingestochene Markierung. Die »666« ist also ein Mal, das Ihnen von Ihrem Herrscher oder Besitzer eingeritzt oder eingestochen wird. Wer hätte gedacht, daß neben dem Antichristen, der ja von vielen mit der Zahl »666« in Verbindung gebracht wird, auch eine solch technologische Bedeutung hinter dieser Zahl steht, die man schon 2000 Jahre lang zu deuten gesucht hat.

Genausowenig, wie irgend jemand in vergangenen Jahrhunderten den Computereinsatz aus der Johannes-Apokalypse herauslesen konnte, war man in der Lage, einen implantierbaren Biochip vorauszusehen, der als Ausweis dient und den man zum Kauf von Waren verwendet. Nur durch die momentane technologische Entwicklung beginnt sich das Geheimnis zu lüften.

Wie funktioniert der implantierte Chip beim Wareneinkauf? Denn das ist ja ebenfalls eine Aussage der Apokalypse: Kauf und Verkauf von Waren sind nur noch für den möglich, der das Mal trägt. Der Chip reagiert auf frequenzmodulierte Radiowellen der Frequenz 125 kHz. Ein RFID (Radio Frequency Identification) Scanner, also ein Lesegerät, sendet ein Lesesignal durch Ihre Haut auf Ihren Chip. Dieser antwortet mit Ihrer persönlichen Identifikation und der Kontonummer. Schon kann beim Einkaufen der Kaufbetrag automatisch von Ihrem Konto abgebucht werden.

Ist doch phantastisch, oder nicht? Sie legen einfach Ihre Hand auf den Tresen, und schon ist alles bezahlt. Einige Kritiker der kommenden Entwicklung sind da ganz anderer Ansicht und meinen: »Willkommen zur versklavenden, satanischen Neuen Weltordnung!«

Ich hoffe, daß Sie der gleichen Ansicht sind, denn wie das Vieh einen Brandstempel aufgedrückt zu bekommen, auch wenn es in Form eines Chips ist, ist kein sehr angenehmer Gedanke, zumal wenn er sich irgendwann einmal zu einer entzündlichen Beule entwickeln sollte.

Der scheinbare Vorteil beim Kauf von Waren ist auch nicht das wahre Motiv derjenigen, die die neue Technologie vorantreiben. Mit einem solchen Chip unter der Haut sind Sie nämlich überall aufspürbar, selbst durch Satellitenfahndung aus dem Weltraum. Haben Sie sich aus irgendeinem Grunde unerwünscht gemacht, und sei es nur durch Kritik am bestehenden System, sind Sie jederzeit auffindbar, und man kann Sie »aus dem Verkehr« ziehen. Der Chip kann heute schon große Datenmengen speichern, z. B. Ihr Foto, Ihren Lebenslauf, Kauf- und Lebensgewohnheiten, Ihre gesundheitlichen Daten und natürlich Ihre Kontonummer und Ihre weltweit eindeutige Identifikationsnummer.

Die Kritiker des Biochips, die vielfach aus christlichen Gemeinschaften kommen, warnen noch aus einem weiteren Grund vor dem Implantat. Die griechischen Worte der Zahl »666« und weitere Textabschnitte der Johannes-Apokalypse legen nahe, daß man ein kommendes Oberhaupt der neuen Weltordnung auch als religiösen Führer anerkennen muß. Sie befürchten nicht nur die zwangsweise Einführung des Chips oder daß die Weltbevölkerung mit gewaltigen Vorteilen, die die Menschen durch den Chip haben, geködert wird. Sie fürchten auch, daß wir uns alle diesem neuen Herrscher in jeder Hinsicht unterwerfen müssen. Da man ohne den Chip keine wirtschaftlichen oder staatsbürgerlichen Rechte mehr haben wird, bleibt der Mehrzahl der Menschen scheinbar keine Wahl, als den Chip als lebenslange Markierung anzunehmen.

Nun mag man auch bei der Erfindung des implantierbaren Biochips anführen, daß wie bei jeder technischen Neuerung oder Erfindung heute noch keiner wisse, für welche Lösungen man sich in der Zukunft entscheiden wird und ob man sie überhaupt so wie befürchtet verwenden wird. Das ist in diesem Falle leider falsch. Weltweit wird der Chip schon heute zur Haustier-Identifikation und für die Kennung von Weidevieh verwendet. Innerhalb weniger Jahre wurde vielen Millionen Tieren dieser Chip eingesetzt. In den USA, aber auch in einigen anderen Ländern, ist man noch einen Schritt »weiter« gegangen: Der Chip wird bereits Menschen eingesetzt!

Die Bevölkerungsgruppen mit den wenigsten Rechten müssen dafür herhalten, also Gefängnisinsassen und Militärpersonal. Man hat in den USA aber auch 17 000 Babys[2] den

---

[2] www.geocities.com/Athens/Acropolis/4824/chipf.htm

Chip eingesetzt! Die Eltern hatten ihr Einverständnis gegeben, als man ihnen erklärte, in den Krankenhäusern würden Babys zu leicht verwechselt und das Implantat würde dies unmöglich machen! Dem US-Kongreß liegen Gesetzesvorlagen vor, die eine zwangsweise Implantierung *bei allen Babys* vorsieht! Die »schöne neue Welt« ist also näher, als wir gemeinhin denken.

Bereits 1996 erschien in den USA ein Artikel in der Chicago Tribune: »In future tiny chip may get under your skin« (übersetzt: In Zukunft könnte Ihnen ein winziger Chip unter die Haut gehen). In diesem Artikel wurden ausschießlich Gründe genannt, warum das Implantat vielversprechend und nutzbringend sei. Man müsse sich keine Sorgen um verlorene oder gestohlene Kreditkarten machen, man würde Sicherheit, Schutz usw. genießen. In demselben Artikel wird weiter darauf hingewiesen, daß der ID-Chip vielleicht unausweichlich wird und daß Dinge, die heute freiwillig sind, morgen Zwang sein könnten.

Kehren wir zurück zu unserem Ausgangsthema, dem Internet: Auch der Einkauf im Internet wird in Zukunft über einen Chipscanner abgewickelt. Nachdem Sie Ihre Kauforder zusammengestellt haben, halten Sie Ihre Hand vor den im PC eingebauten Scanner, und schon sind Sie und Ihr Bankkonto identifiziert.

Einfache Lösungen sind immer bestechend. Ob hier aber die Grenze des menschlich Zumutbaren erreicht wird, müssen Sie entscheiden. Ich meine ja.

Übrigens: Der Chip läßt sich nach Meinung von Experten nur unter großen Schwierigkeiten wieder chirurgisch entfernen!

## Das Tier und seine Drahtzieher

Die rasante Entwicklung der Computernetze und dazugehörige wirtschaftliche und politische Vorgänge erwecken bei nachdenklichem Beobachten allzu oft den Eindruck, als ob sie von gewissen Instanzen gesteuert und forciert werden. Dieser Eindruck ist sicher richtig, wenn man allein hinter die Kulissen der industriellen Interessen schaut.

Uns wird durch einschlägige Literatur auch aufgezeigt, daß die reichsten und einflußreichsten Persönlichkeiten dieser Welt in Geheimbünden, Logen, Orden u. a. organisiert sind und die eigentlichen »Macher« des Geschehens seien. Dies mag durchaus sein, und deshalb warnt ja auch dieses Buch vor dem möglichen Mißbrauch einer Technologie, die es nur allzu leicht ermöglicht, die Menschheit weitestgehend in ihren Aktivitäten zu kontrollieren. Vielen dieser Macher mag aber nicht bewußt sein, daß auch sie benutzt werden. Von wem?

Kommen wir noch einmal auf die Zahl »666« und ihre Bedeutung zurück. Eine Deutung, die aus der Zahlenmystik abgeleitet ist, weist der Zahl den Namen Sorath zu. Okkultisten sind der Ansicht, daß Sorath ein Geistwesen ist, das seit jeher bestrebt ist, die geistig-freiheitliche und spirituelle Weiterentwicklung des Menschen zu verhindern oder zumindest zu bremsen. Das Problem, das jetzt einige Leser haben werden, ist folgendes: In unserer heutigen Weltanschauung gibt es weder Geistwesen noch geistige Welten. Woran liegt das? Weil wir so aufgeklärt sind und heute wissenschaftlich denken? Das wäre ein sofort sichtbarer Grund. Die Ursachen liegen aber tiefer und sehr viel weiter zurück.

Die Beschäftigung mit den sogenannten okkulten oder geisteswissenschaftlichen Aspekten scheint für ein Buch über die sozialen und individuellen Auswirkungen des Internet im ersten Moment etwas abwegig zu sein. Ich hoffe aber klarmachen zu können, daß wir auf der Erde in solch einer massiven Weise manipuliert werden, daß wir gewisse Dinge gar nicht mehr zu denken wagen bzw. daß uns manche Wahrheiten und Sachverhalte so abwegig erscheinen, daß uns diese Gedanken nicht einmal entstehen. Worauf ich hinaus will, ist folgendes:

Gleich ob wir einer christlichen Konfession oder Kirche angehören oder nicht: Wir leben im Westen in einer Kultur, die in ihrem Denken christlich bzw. durch die christliche Kirche geprägt ist. Unser Weltbild ist nicht zufällig entstanden, sondern auf dem Boden zuerst religiöser, dann aufklärerischer Gedanken, dann wissenschaftlicher Erkenntnisse. Unsere Vorstellung darüber, was eigentlich ein Mensch in seinem Innersten ist, seine körperlichen, seelischen und geistigen Komponenten, das ist weitestgehend in den vergangenen Jahrhunderten religiös geprägt worden, ergänzt durch medizinisches Wissen und durch gewisse – leider noch sehr oberflächliche – Erkenntnisse der heutigen Psychologie.

Gehen wir einmal ca. 1100 Jahre in unserer Zeitrechnung zurück. Im Jahre 896 gab es ein Konzil der christlichen Kirche, wo per Dekret der menschliche Geist und seine Verwurzelung in den geistigen Welten »abgeschafft« wurde. Die vormals anerkannte Dreigliederung des Menschen in Körper, Seele und Geist wurde durch eine Zweigliederung, nur bestehend aus Körper und Seele, ersetzt. Die innere Verwurzelung des Menschen in den geistigen Welten wurde nicht mehr anerkannt und ab dieser Zeit offiziell ignoriert. So interpretieren heute jedenfalls anthroposophische Geschichtsforscher die früheren Entwicklungen im christlichen Weltbild.

So seien diese Konzilsbeschlüsse deshalb gefaßt, damit sie als bewußte Indoktrination und Manipulation der Bevölkerung dienen konnten, denn ohne eine geistige, heute würde man auch sagen spirituelle, innere Führung verliert ein Mensch an Selbständigkeit und konnte so durch die Autoritäten der damaligen Zeit sehr leicht gelenkt bzw. beherrscht werden. Man sicherte sich sozusagen das Monopol für die Vermittlung zu höheren geistigen Dingen, sprich Gott. Der Mensch wurde reduziert auf körperliche Bedürfnisse und sein Seelen- und Gefühlsleben, er wurde zum Knecht.

Was hat dies alles mit der heutigen Situation zu tun? Ganz einfach! Wenn jemand geistige Welten erwähnt, wie ich das gerade getan habe, schütteln die meisten Menschen einfach den Kopf und können mit dem Begriff überhaupt nichts anfangen. Allenfalls versteht man darunter schöngeistige Literatur, Kunst und das gesamte Spektrum dessen, was wir mit unserem Verstand erfassen können Der Mensch hat zwar auch heute anerkanntermaßen einen Geist, aber darunter wird nur mehr die intellektuelle Komponente verstanden! Ja, wir haben uns konzeptmäßig schon so weit von der Wirklichkeit der geistigen Welten entfernt, daß es geradezu schwer fällt, deutlich zu machen, was diese denn sein sollen.

Versuchen wir einmal eine kurze Definition. Unter geistigen Welten versteht man in der Regel unsichtbare Welten, die sich (heute noch) nicht durch Meßinstrumente erfassen lassen. Sie sind bis jetzt nur durch Menschen erkennbar, die es auf sich genommen haben, ihre diesbezüglichen Erkenntnismöglichkeiten und ihre seelischen und spirituellen Fähigkeiten zum Beispiel durch Meditationen und geistige Übungen immer weiter zu entwickeln. Dies wird auch oft als Bewußtseinsentwicklung bezeichnet. Solche Menschen berichten von vielen Arten von Wesen, Lichtgestalten, ganzen Universen in diesen geistigen Welten, die unserer Wahrnehmung normalerweise nicht zugänglich sind. Nebenbei bemerkt erkennt die katholische Kirche durchaus ganze Engelhierarchien an, die als Heerscharen Gottes fungieren. Wie kann man sich das vorstellen, daß da irgendwo ganze Universen existieren oder daß wir und unsere Erde von geistigen Welten durchdrungen sind, die wir nicht sehen? Nun, ganz so schwer ist diese unsere Unfähigkeit nicht zu verstehen.

Als Beispiel lassen Sie uns die Lichtwahrnehmung heranziehen. In vielen Büchern, nicht nur physikalischen, können Sie Diagramme finden, die alle bisher bekannten und erfaßten Wellenlängen elektromagnetischer Strahlung darstellen. Vom ganzen elektromagnetischen Wellenspektrum[1] sehen wir nur einen winzigen Ausschnitt als Lichtwellen. Alles andere, Wärmestrahlung, Radiowellen, Röntgenstrahlen, Satellitenabstrahlungen usw. können wir nicht sehen, diese Wellen bleiben uns verborgen. Trotzdem sind sie aber überall um uns herum vorhanden.

Genauso verhält es sich mit unserem Bewußtsein bzw. unserer Wahrnehmungsfähigkeit. Bestimmte Dinge können wir wahrnehmen, andere (und zwar die Mehrzahl!) eben nicht. Soweit sind wir erkenntnismäßig auch in der heutigen Psychologie vorgedrungen, daß wir anerkennen müssen: Das, was wir für die wirkliche Welt halten, ist ein Scheinbild, ein

---

[1] Spannbreite der möglichen Frequenzen dieser Wellen

Trugbild, das unser Geist erzeugt. Er erzeugt dieses Weltbild aufgrund der ihm vermittelten Theorien und »Wahrheiten«, aufgrund seiner Sinneswahrnehmungen und aufgrund seines Fühlens und intuitiven Erahnens von Gegebenheiten. Daß all diese Wahrnehmungen nur ein winziger Bruchteil dessen sind, was wirklich um uns herum existiert, ist leider wenigen bewußt. Und auch dann, wenn man davon gehört hat, vergißt man diesen Sachverhalt in der Regel schnell.

Geistige Welten sind also Welten, die sehr wohl existent sind, aber auf einer Schwingungsebene existieren, die unserer Wahrnehmung nicht ohne weiteres zugänglich ist. Um sich diese Welten zu erschließen, gibt es Methoden, die über Jahre hinweg ein konsequentes geistiges Bemühen des Menschen notwendig machen. Diese Methoden werden oft als okkult bezeichnet. Okkult heißt dunkel oder geheim. Als okkult galten diese Methoden, weil sie oft nur im Geheimen weitervermittelt wurden, um jeglichen Mißbrauch der Kräfte, die man sich damit erwerben könnte, auszuschließen. Den Mißbrauch nannte man Schwarze Magie, im Gegensatz zur weißen, die eingesetzt wird, um Menschen zu helfen oder etwas Heilsames und Evolutionäres zu bewirken. Okkulte Methoden und okkultes Wissen gelten heute in der westlichen Wissenschaft und Religion als Unfug oder abzulehnende Verirrungen.

Was heute aber jeder wissen sollte: Oft setzen sich Gruppen oder Einzelne für vermeintlich gute Ziele ein, ohne zu wissen, daß sie Handlanger der negativen Kräfte geworden sind. Auch soll es vorkommen, daß diejenigen, die negativ angewandte okkulte Kräfte als absurd und nicht existent bezeichnen, gerade solche sind, die sie selbst fleißig anwenden.

Damit sind wir wieder bei dem Geistwesen Sorath und seiner Zahl »666« angelangt. Sorath verkörpert ein Prinzip, das man sich entweder als Geistwesen vorstellen kann oder als ein Prinzip, das im Bewußtsein des Menschen mitverankert ist. Nur darum haben die Bemühungen dieses Geistwesens, den Menschen negativ zu beeinflussen, überhaupt Erfolg. Sorath will »die spirituelle Kraft in den Dienst des niederen Ich-Prinzips stellen«.[2] Diese Gegenströmung zu allem Freiheitlichen und Schönen, zu dem sich der Mensch erheben will, ist seit Jahrtausenden aktiv. Solche Polaritäten sind im Weltgeschehen nichts Anormales entsprechend dem bekannten Ausspruch: »*Wo Licht ist, ist auch Schatten*«.

Betrachtet man dieses Wesen einfach als Zeitgeist (denn Geistwesen gibt es ja »offiziell« nicht mehr), dann sucht sich dieser Zeitgeist immer aktuelle Strömungen, Organisationen und Einzelpersonen, um sie für seine Ziele einzuspannen. Dies ist zum Beispiel im Laufe der Geschichte mehrmals mit religiösen Institutionen und anderen großen Organisationen geschehen. Ein aktueller Blick auf die islamischen Fundamentalisten und ihre Terrorakte sind nur ein Beispiel für solche weltweit zu findenden Verdrehungen einer vom Prinzip her guten und evolutionären Strömung. Natürlich sind genauso nichtreligiöse Organisationen von solchen Entstellungen ihrer ursprünglichen Inhalte betroffen.

Innerhalb solcher Bewegungen oder Organisationen sind es dann immer einzelne Menschen, die als ausführendes Organ den Absichten des Geistwesens dienen, meistens ohne es zu wissen. Denn bei Gedanken und Impulsen kann ein Mensch in der Regel nicht entscheiden, ob es seine eigenen sind oder ob sie ihm sozusagen eingegeben sind.

So kann man zwar aus einer gewissen Weltsicht heraus sagen, daß die heutige Forcierung der Computerisierung, der Benutzung des Internets, der Abschaffung des Bargelds usw. durch bestimmte politische Kreise, Geheimbünde, Industrie-

---

[2] Rudolf Steiner: Die Apokalypse des Johannes, 11. Vortrag

verbände oder einfach massive Kapitalinteressen geschieht, dahinter steckt aber – geistig gesehen – eigentlich eine Macht, die seit jeher versucht, unerkannt zu bleiben. Diese Macht, eben der erwähnte Sorath, fürchtet nichts mehr, als daß sein Wirken offengelegt wird. Dies können Sie bei aufmerksamer Beobachtung daran erkennen, daß immer dann, wenn wahre Zusammenhänge aufgedeckt werden oder in Gefahr sind, aufgedeckt zu werden, Kampagnen gestartet werden, um die beteiligten Personen oder Organisationen lächerlich zu machen oder zu verunglimpfen. Das Repertoire der Maßnahmen ist seit Jahrhunderten das gleiche. Sind es beispielsweise Bücher, die gefährlich scheinen, werden sie entweder insgesamt aufgekauft, zensiert, oder der Vertrieb wird verboten. Oft enthalten sie lediglich brisante Hintergründe für aktuelles und vergangenes Geschehen, denen man sonst durch Fernsehen und Tageszeitung nicht auf die Spur kommen würde.

Haben wir es nun durchweg bei Sorath und seinen Vasallen mit negativen und bösen Kräften zu tun? Das kommt auf den wertenden Standpunkt an. Grundsätzlich ist eine Entwicklung zum Positiven nur durch das Überwinden von Schwierigkeiten möglich. Mit anderen Worten heißt das: Eine positive, evolutionäre Kraft allein kann es nicht geben. Jede Kraft bedingt eine gleichzeitige Gegenkraft. Das ist sowohl ein geistiges Gesetz als auch ein in der Physik durchaus bekanntes Prinzip.

Die positive Gegenkraft zum sorathischen Prinzip ist in christlicher Ausdrucksweise die Michaelskraft. In der anfangs zitierten Geschichte aus der Johannes-Apokalypse ist der Verfolger und Besieger des Drachens der Erzengel Michael mit seinen Heerscharen. Diese Instanz, als positiver Zeitgeist gesehen, ist diejenige, die »*mit Mut, Begeisterung und Liebe das göttliche Prinzip der Dreiheit durch die Welt trägt, weil*

*dadurch allen bösen Gewalten Einhalt geboten wird«*[3].
Sicher sind diese beiden gegensätzlichen Strömungen nicht die einzigen weltumfassenden geistigen Einflüsse, mit denen wir uns auseinanderzusetzen haben. Der Kampf der Kräfte in uns und außerhalb von uns schafft die Dynamik, durch die wir uns weiterentwickeln, an der wir wachsen.

Sie kennen sicher Beispiele dafür, wie Menschen, die eine schwierige Kindheit hatten, später oft außerordentliche Persönlichkeiten mit herausragenden Fähigkeiten wurden, während solche, denen alle Möglichkeiten in den Schoß gelegt wurden, sich oft zu verweichlichten, undynamischen Menschen entwickelten. Damit rede ich nicht einer schwierigen Kindheit das Wort, sondern es soll nur das Prinzip zeigen, wozu Widerstände gut sein können.

An uns selbst werden wir oft bemerkt haben, daß in Phasen, in denen alles zu »glatt« läuft, wo wir uns keinen Herausforderungen stellen müssen, Zeiten des Genießens oft ein schales oder flaues Lebensgefühl folgt (»es läuft nichts«). Das bewirkt, daß wir uns ins nächste Abenteuer stürzen, das sich real im Leben abspielen kann oder leider oft im Virtuellen, im Fernsehen oder Computer gesucht wird.

Sollten wir auf Letzteres ausweichen, können wir sicher sein, daß keine wirkliche Entwicklung stattfindet. Dann erleben wir nur noch als Zuschauer, was wir eigentlich selbst durch unsere eigenen Willenskräfte und Fähigkeiten gestalten sollten. Daß wir diesen Impuls, in der wirklichen Welt aktiv zu werden, oft nicht verspüren, das ist eine klare Manipulation der Massen durch geistige Mittel, direkt über das Bewußtsein, indirekt über die Massenmedien, derer sich die meisten von uns gar nicht bewußt sind! Das ist erklärte Absicht der Widersacher.

---

[3] Peter Tradowsky: Christ und Antichrist, S. 127

Die Beeinflussung geschieht allzu häufig auch mit okkulten Methoden, die, wie schon erwähnt, offiziell lächerlich gemacht werden, oder durch Beeinflussung des Wettergeschehens (das sich wiederum auf unsere Psyche auswirkt) oder durch bestimmte elektromagnetische Frequenzen, von denen man heute weiß, wie man mit ihnen geistige Lähmungszustände, Ängste, Verwirrung und vieles andere mehr großflächig auf Landesebene und sogar global erzeugen kann. Jüngstes Beispiel sind die weltweite Manipulation mittels Skalarwellen und die psychotronische Kriegführung. Hierauf einzugehen, würde jetzt aber zu weit führen.

Sollten Sie sich einmal gefragt haben, wieso Ihr Lebensgefühl sich dramatisch gegenüber früher geändert hat oder Schwankungen unterliegt, die Sie sich nicht recht erklären können, dann fragen Sie nach bei den Militärs und Geheimdiensten der Großmächte. Dort sind Technologien im Einsatz, an die man normalerweise nicht einmal zu denken wagt oder von denen man sich nicht vorstellen kann, daß man Menschen gezielt solchen Einflüssen aussetzt. Unser Vorstellungsvermögen wird gelähmt. Den Satz »das kann ich mir nicht vorstellen« höre ich zu oft von zu vielen Menschen. Wir sind leider zu arglos.

Wir haben es also mit massiven Gegenkräften zu tun. Eine Menschheit, die sich weiterentwickeln will, kann dies nur mit oder durch die gleichzeitige Überwindung von Gegenkräften bewältigen. Eine solche Gegenkraft ist Sorath. In diesem Sinne verstanden, ist diese Kraft nicht böse, sondern durchaus notwendig. Es ist nur erforderlich, den Herausforderungen mit einem äußerst wachen Geist zu begegnen, damit wir gewisse wertvolle geistige Entwicklungsmöglichkeiten nicht vertun. Wir haben diese Macht in ihre Schranken zu weisen.

Wenn Sie das Thema der geistigen Welten, das wir hier nicht weiter vertiefen wollen, mehr interessiert, können Sie sich zum Bespiel mit den Vorträgen und Büchern von Rudolf Steiner beschäftigen. Er war der Begründer der anthroposophischen Bewegung und rief immer wieder dazu auf, die im Menschen angelegten Fähigkeiten zu kultivieren und die geistigen Welten zu erforschen. Er beschreibt von verschiedenen Seiten den spirituellen oder geistigen Ursprung des Menschen und was der Mensch eigentlich sein könnte, wenn er sich nicht immer wieder geschlagen gäbe durch von außen erzeugte Dumpfheit, Trägheit und Desinteresse und ein rein materialistisches Streben.

Obwohl Steiner damals weder Fernsehen noch Computer kannte, sah er die Gefahr, daß der Mensch zunehmend so beeinflußt wird, daß er nur noch als Beobachter einer Scheinwelt fungiert, aber nicht mehr als sozial engagiertes Wesen mit lebhaftem, aktivem Interesse an seiner Umwelt. Besser hätte er einen Internet-Surfer nicht beschreiben können!

Was genau ist die Absicht von Sorath mit seinem Prinzip der »666«? Er will das Ich des Menschen möglichst ausschalten, seinen Willen unterminieren und für seine Zwecke benutzen. Damit soll erreicht werden, daß der Mensch ein Automat wird, unwissend in bezug auf sein wirkliches geistiges Erbe, seine Entfaltungsmöglichkeiten, seine Herkunft, und ein williges Werkzeug anderer Mächte. Soziales Engagement soll durch selbstsüchtiges Handeln und Egoismus ersetzt werden, Liebe und Mitgefühl durch Gleichgültigkeit und Gefühlskälte.

Dagegen steht der Wunsch des Menschen, seine Bewußtheit, sein Ich immer weiter auszudehnen, immer mehr bewußt zu erfassen und zu verstehen, all dieses von Mitgefühl und Verständnis für das belebte und unbelebte Universum um ihn herum getragen. Dazu gehört auch, im Sinne der Geisteswissenschaft, bewußt in die geistigen Welten hineinzuwachsen oder, besser ausgedrückt, die ja schon vorhandene

Verwurzelung in der geistigen Welt bewußt wiederzuentdecken. Vor diesem Schritt scheuen sich viele Menschen aus unterschiedlichen Gründen und fliehen dann doch lieber in die Scheinwelten des Computers und die Ablenkung beliebig vieler Freizeitbeschäftigungen.

Sollten Sie bei der Lektüre von Rudolf Steiners Werken feststellen, daß sein etwas umständlicher Satzbau und seine Ausdrucksweise Ihnen Schwierigkeiten bereiten (damit stünden Sie nicht allein), dann können Sie auf unzählige andere Publikationen zurückgreifen, die sich mit spirituellen Themen beschäftigen. Esoterische Buchläden helfen hier weiter. Vielleicht liegt Ihnen mehr die indische oder chinesische Annäherung. Beide Kulturen haben seit vielen tausend(!) Jahren eine fast ungebrochene geistig-spirituelle Tradition, in der nicht nur das Wissen um die geistigen Welten wachgehalten und weitervermittelt wurde, sondern auch ein Schatz an Übungen, um sich diese Welten durch eigenes persönliches Bemühen und Erleben nahe zu bringen und dadurch sein Leben auf immense Weise zu bereichern.

Ich möchte Sie eigentlich ermutigen – wenn Sie dies nicht ohnehin schon tun –, sich mit dieser Thematik intensiv auseinanderzusetzen, denn ohne die Hintergründe, ohne das Wissen, welche geistigen Impulse die irdischen Ereignisse steuern, bleibt auf diesem Planeten vieles unverständlich.

# Den Kurs selbst bestimmen

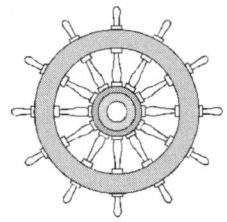

Bisher haben wir vor allem untersucht, welche Möglichkeiten wir nutzen können, um uns vor den negativen Auswirkungen des Internets auf unser Privatleben zu schützen. In vielen Fällen sind dies Ausweichmanöver und Vermeidungsstrategien. Konstruktiv gesehen sollten wir uns überlegen, ob wir nicht aktiv dazu beitragen können, gefährliche Tendenzen zu bekämpfen und positive Entwicklungen einzuleiten.

Welche Möglichkeiten haben wir, gegen die negativen Aspekte des Internets vorzugehen? Wir werden in diesem Kapitel sowohl gesellschaftlich-politische Maßnahmen als auch geistig-spirituelle Wege untersuchen, um eine Veränderung herbeizuführen.

### Gesellschaftspolitische Maßnahmen

Wie bei allen gesellschaftlichen Entwicklungen, die wir mitgestalten oder beeinflussen wollen, ist es in der Regel ratsam, sich zu Vereinigungen zusammenzuschließen, um seiner Meinung mehr Gewicht zu verleihen. Hierbei können Sie sich bereits bestehenden Initiativen anschließen, Sie können Parteiprogramme studieren und der Ihnen zusagenden Partei beitreten. Sie haben auch die Möglichkeit, Artikel an die Presse zu geben, und Sie können Bundestagsabgeordnete ansprechen. Schließlich gibt es auch noch die Datenschutzbeauftragten, deren gesetzlicher Auftrag ja darin besteht, die unzulässige Weiterleitung von Daten zu verhindern und für die Rechte des einzelnen in einer Welt der Computervernetzung einzutreten.

Wenn Sie massiv gegen eine aktuelle oder sich abzeichnende Entwicklung angehen wollen, gibt es grundsätzlich immer zwei Möglichkeiten. Die erste ist die, daß Sie Mitglied wichtiger Verbände oder Gremien werden, um so die in Frage stehende Entwicklung von »innen« heraus gestalterisch mitzusteuern und zu beeinflussen, anstatt sie zu bekämpfen. Dies ist in meinen Augen der konstruktivste Ansatz. Die zweite Alternative ist die, daß Sie von außen gegen diejenigen Instanzen den Kampf aufnehmen, die für die Ihrer Meinung nach fehlgesteuerte Entwicklung verantwortlich sind.

Den zweiten Weg ist in den 60er Jahren die sogenannte außerparlamentarische Opposition gegangen, um ihre Ziele gegen die etablierten Parteien durchzusetzen. Einem Kampf gegen die zu befürchtenden Kontrollmechanismen durch das Internet, Smart Card und implantierte Chips und die dadurch zu erwartende Einschränkung der persönlichen Freiheit muß zuallererst eine massive aufklärerische Arbeit vorangehen. Sowohl die jetzigen Internet-Benutzer als auch die im Moment noch nicht betroffenen Bevölkerungskreise müßten über die Risiken und Gefahren des Internets aufgeklärt werden, um so der unreflektierten Euphorie den Wind aus den Segeln zu nehmen. Dies ist von offizieller (staatlicher) Seite nicht zu erwarten.

Auch das Internet selbst läßt sich (ironischerweise) als Aktionsplattform verwenden. Über die vielen Diskussionsgruppen innerhalb der »Internet-Gemeinde« könnten Sie zum

Beispiel dazu beitragen, daß sich die Verwendung von Verschlüsselungsmechanismen als Selbstverständlichkeit durchsetzt. Die Gefahr bei solchen Internet-internen Gruppen könnte allerdings darin bestehen, daß der vermeintliche gesellschaftliche Bezug nicht gegeben ist. Das soll heißen, daß Sie sich zwar in einer Gemeinschaft Gleichgesinnter aufgehoben fühlen, aber politische Veränderungen wird dies möglicherweise nicht herbeiführen. Noch haben wir in Deutschland kein Volksbegehren per Internet als Verfahren eingeführt.

Publikationen, die gegen die Gefahren des Internets gerichtet sind oder auf seine Gefahren aufmerksam machen, sind vielversprechende Werkzeuge, um die Trends der Zeit zu beeinflussen. Schließlich sind die öffentlichen Medien wie Zeitung und Fernsehen ja auch die hauptsächlich eingesetzten Mittel der Befürworter des Internets. Diese Medien werden so stark genutzt, daß der Eindruck entsteht, die ganze Welt wolle sofort und unbedingt den Einstieg in das Internet. Wir sollten uns klarmachen, daß viele Medien entweder durch massive Interessengruppen gesteuert sind oder daß sie einfach Massentrends übernehmen. Auf jeden Fall steigt Ihre persönliche Chance für eine medienwirksame Kampagne, wenn Sie Mitglied oder Kopf einer starken Gruppierung sind. Aber auch als einzelner, ohne die Unterstützung einer Vereinigung, können Sie Artikel oder Leserbriefe schreiben, die oft recht wirksam sind und eine Diskussion in Gang bringen.

Die einfache Verweigerungsstrategie wäre im Falle des Internets nicht sehr weittragend. Wenn Sie Bekannte und Freunde in Gesprächen davon überzeugen, das Internet nicht zu benutzen, oder auf die immensen Gefahren hinweisen, können Sie höchstens im kleinen Kreise erreichen, daß das Internet nicht so schnell boomt, wie es von den Machern und Befürwortern prognostiziert wird. Sie können auf diese Weise den Trend nicht aufhalten.

Bitte bedenken Sie, daß die weltweite Medienmaschine auf der Seite der Drahtzieher des Internets steht (siehe auch das Kapitel »Das Tier und seine Drahtzieher«). Um sich Gehör zu verschaffen, wäre es deshalb vorteilhaft, zusätzlich Politiker und Datenschutzbeauftragte auf Ihre Seite zu bekommen. Diese wiederum fühlen sich in ihrer Rolle sicherer, wenn sie große Gruppierungen und Bürgerinitiativen hinter sich wissen.

Aber wofür wollen Sie sich im Detail einsetzen? Wollen Sie gegen das Internet oder gefährliche Trends im Zusammenhang mit dem Internet ankämpfen, müssen Sie, wie immer im Leben, Ihre Ziele klar definieren. Nur so werden Sie erfolgreich sein. Das Internet abzuschaffen, wird uns nicht mehr gelingen. Wohl aber können wir den Trend abwenden, daß unbedingt jeder Privathaushalt einen PC bzw. Telefon mit Internetanschluß haben muß. Wozu wären denn solche Anschlüsse gut? Die Sinnlosigkeit dieses Trends einschließlich der Konsequenzen gehört offengelegt.

Wir werden bereits heute mit Informationen überflutet, die weitestgehend nutzlos sind. Ein echter Bedarf besteht eigentlich nicht. Das ist eine Tatsache, die zusätzlich zu allen schon besprochenen Gefahren klar herausgestellt werden sollte, um der unreflektierten Euphorie für das Internet ein gesundes Gegengewicht zu verschaffen. Die Überflutung mit Informationen lenkt genauso wie das Überangebot an Fernsehkanälen von den eigentlichen Aufgaben und Problemen ab, die wir auf unserer Erde zu bewältigen haben (siehe auch das Kapitel »Informationsgesellschaft oder Orwells Horrorvision?«).

Übrigens war vor der Existenz des Internets die ständig wachsende Informationsmenge, mit der wir konfrontiert wurden, ein in allen Medien vieldiskutiertes Problem. Es ist doch merkwürdig, daß dieses Thema zugunsten genau des Gegenteils, nämlich einer Versorgung aller Menschen mit Informationsfluten durch das Internet, völlig vergessen scheint. Auch hieran können wir sehen, wie wir manipuliert werden.

Ob Firmen ihre Kommunikation, Auftragsbearbeitung usw. über das Internet abwickeln wollen, ist eine ganz andere Sache. Ein Grenzfall für die Diskussion der Notwendigkeit wäre z. B. die Bestellung in Versandhäusern über das Internet. Aber Kataloge haben in der Vergangenheit auch funktioniert und sind zudem angenehmer zum Durchblättern.

Noch viel dringender ist aber das Thema Datensicherheit. Auf der einen Seite ist der Staat durch das internationale Medium Internet verunsichert und versucht, alles und jedes in diesem Medium zu kontrollieren. Sein Argument ist in der Regel die notwendige Bekämpfung der Kriminalität, was ja auch zu seinem Auftrag gehört. Aber unter dem Vorwand, kriminelle Elemente oder Verdächtige aufspüren und überwachen zu können, strebt der Staat an, *jeden von uns beliebig kontrollieren zu können.* Dieser Anspruch geht zu weit, hier werden Grundrechte verletzt!

Auch in Deutschland gibt es die ersten Diskussionen und staatlichen Bestrebungen, eine Verschlüsselung der Daten im Internet entweder ganz zu verbieten oder einen offiziellen Schlüsselmechanismus einzuführen, der natürlich Polizei und Geheimdienst bekannt ist und somit eine wertlose Maßnahme darstellt. Wie im Kapitel »Sicherheit durch Verschlüsselung?« beschrieben, ist die Verschlüsselung einer E-Mail so etwas wie ein Umschlag für einen Brief, also etwas völlig Normales. Wieso sollte denn jeder Interessierte (Hacker, Provider, Polizei, Nachrichtendienste) ohne weiteres unsere Post lesen können, wie das heute noch im Internet der Fall ist?

In den USA hat sich eine erfolgreiche Bürgerinitiative gebildet, als ein Gesetz verabschiedet werden sollte, um den verbindlichen Einsatz des Clipper-Chips zu verhindern. Dieser Chip sollte in alle Telefone und Faxgeräte eingebaut werden, um die Gespräche automatisch zu verschlüsseln. Der Schlüssel würde nur einer einzigen Organisaton bekannt sein, dem amerikanischen Nachrichtendienst NSA. Das Gesetz wurde nicht in Kraft gesetzt, allerdings werden alle US-Behörden mit solchen Geräten ausgestattet. In der europäischen Gemeinschaft sollen langfristig alle Telekommunikationsanlagen mit Abhöreinrichtungen ausgestattet und – falls schon vorhanden – legalisiert werden.

In Deutschland scheinen wir bisher solche Trends zu verschlafen, denn wie bereits beschrieben, ist ein Gesetz, das alle Provider im Internet verpflichtet, einen »Lauschzugang« für Nachrichtendienst und Polizei zu legen, ohne Protest verabschiedet worden. Dies sollte uns Deutschen nicht noch einmal passieren. Die Tendenz ist klar: Bevor jeder Deutsche einen Internet-Zugang hat und sich der Problematik bewußt geworden ist, will man die Kontrollinstrumente gesetzlich abgesichert haben. Hier können wir und müssen wir gegensteuern. Der »große Lauschangriff« ist ein weiterer politischer Sieg der Kontrollinstrumente. (Allerdings meinen ja einige, daß hier sowieso nur das gesetzlich abgesegnet wurde, was in der Realität längst praktiziert wird.)

Aus den wenigen geschilderten Beispielen wird, so meine ich, klar, mit welchen Mitteln wir kämpfen können. Im folgenden wenden wir uns einer ganz anderen Möglichkeit zu, die mit der Kraft unseres Geistes und spirituellen Gesetzen zu tun hat: dem geistigen Kampf auf den inneren Ebenen.

### Kampf mit geistig-spirituellen Mitteln

Ein Kampf gegen einen Trend der Zeit, gegen einen Angriff auf unsere Freiheit kann auch im Geistigen, im Bewußtsein ausgetragen werden, ohne den Einsatz politischer Mittel. Um Ihnen deutlich zu machen, was gemeint ist, möchte ich Ihnen von der englischen »spirituellen Kämpferin« Dion Fortune berichten.

Dion Fortune lebte von 1890 bis 1946 in England. Sie entdeckte als junge Psychologin bedeutende spirituelle Kräfte in sich und gründete eine geistige Bewegung (The Society of the Inner Light), die bis heute existiert. Man würde sie heutzutage als Esoterikern mit einem ausgesprochenen Sinn für praktische Anwendungen ihres Wissens oder als Okkultistin bezeichnen. Sie wurde als Autorin von zahlreichen esoterischen Büchern bekannt.

Dion Fortune kämpfte im Zweiten Weltkrieg gegen die Deutschen. Sie setzte weder Waffen noch Spionage ein, sondern führte im Verbund mit vielen gleichgesinnten Landsleuten einen geistigen Kampf – und das sehr erfolgreich. Sie setzte altes okkultes Wissen ein mit dem Ziel, die deutsche Bedrohung von England abzuwenden. Die Tatsache, daß eine geplante deutsche Besetzung Englands verhindert wurde, ist nach Meinung esoterischer Kreise zu einem großen Teil dieser geistigen Großaktion zu verdanken.

Hierzu muß man wissen, daß im Dritten Reich sehr bewußt okkulte Methoden benutzt wurden, um sowohl das eigene deutsche Volk zu beeinflussen als auch die Moral der Kriegsgegner zu unterminieren. Unter anderem wurden telepathische Methoden benutzt, um das Gruppenbewußtsein und die Volksseele der Gegner zu schwächen. Denjenigen, die sich für diesen Aspekt des Dritten Reiches und des Zweiten Weltkriegs interessieren, sei das Buch »Der Speer des Schicksals« von Trevor Ravencroft empfohlen.

Wie ging Dion Fortune genau vor? Eine Kernaussage in dem von ihr angewandten überlieferten Wissen ist die, daß die Stärkung der eigenen positiven Kräfte viel erfolgreicher wirkt als das Bekämpfen des Negativen (ein Grundsatz, der übrigens auch in allen alten Medizintraditionen praktiziert wird). Es ging also darum, die inneren Werte und die Kraft der britischen Nation zu stärken, und nicht so sehr darum, gegen das negativ polarisierte angreifende Bewußtsein der Deutschen zu kämpfen. Wohlgemerkt war die Prämisse des geistigen Kampfes, daß die Deutschen nicht nur herkömmliche Kriegsmittel einsetzten, sondern über bewußtseinsmäßig geschulte Menschen verfügten, die mit geballter Kraft das Massenbewußtsein bzw. das Kollektivbewußtsein der deutschen Kriegsgegner, also auch der Briten, mit dem Ziel manipulierten, die Verteidigungsbereitschaft zu schwächen.

Um als Gegengewicht die positiven geistigen Prinzipien der britischen Nation zu stärken, setzte Dion Fortune wöchentliche Gruppenmeditationen ein, wobei die Teilnehmer über ganz Großbritannien verstreut lebten, der Kern der Gruppe aber durch einen geschulten Kreis von Okkultisten in London gebildet wurde. Jeden Sonntag wurde zu einer genau festgelegten Zeit von allen gleichzeitig über ein bestimmtes Thema meditiert und visualisiert, das vorher jedem brieflich mitgeteilt wurde. Auf diese Weise nutzte sie die kollektive Kraft des menschlichen Geistes, um einen nachweisbaren Effekt im Kriegsgeschehen zu erreichen. Die Chronik der Geschehnisse ist im Buch »The Magical Battle of Britain« niedergelegt, das ein Schüler von ihr 50 Jahre später herausgegeben hat.

Durch Zeitungsmeldungen über das Kriegsgeschehen in Europa konnte durch Beobachter nachgewiesen werden, daß immer dann, wenn ein bestimmtes Thema geistig von der Gruppe »bearbeitet« wurde, einige Tage später von den offiziellen Medien positive Entwicklungen (für England) in diesem Bereich gemeldet wurden.

Beim Studium des Buches wird klar, wie man mit spirituellen Methoden tatsächlich etwas in dieser Welt bewegen kann. Die Gruppe um Dion Fortune hat nie behauptet, daß es allein ihr zu verdanken sei, daß die Invasion der Deutschen in England vermieden wurde, sondern daß sie entscheidend dazu beigetragen hat, die Moral und den Verteidigungswillen der ganzen Nation zu stärken, geistige Barrieren gegen die telepathische Beeinflussung von außen aufzubauen und das Wirken feindlicher Agenten im eigenen Land zu neutralisieren. Wer weiß, wie sehr Angst und geistige Desorientierung in einem Kriegsgeschehen um sich greifen und eine Niederlage herbeiführen können, wird die Bewußtseinsarbeit dieser Gruppe zu schätzen wissen.

Warum haben wir den Fall Dion Fortune erwähnt? Um zu zeigen, daß nicht nur politische Bewegungen in dieser Welt etwas erreichen können, sondern auch geistig-spirituelle Anstrengungen. Wir können die weltweite gefährliche Entwicklung, die im Zusammenhang mit dem Internet, mit Kreditkarten und implantierbaren Chips zu beobachten ist, selbst mitsteuern. Aber nur dann, wenn wir uns engagieren, unseren Geist trainieren und uns möglichst mit anderen zusammenschließen. Das letztere scheint eine unumgängliche Maßnahme, gleich ob wir uns politisch oder geistig-meditativ für einen Kurswechsel einsetzen wollen.

Daß der Geist gründlich geschult sein muß, darf nicht verschwiegen werden. Ohne Konzentrationsfähigkeit über einen längeren Zeitraum hinweg werden solche geistigen Bemühungen (z. B. Visualisationen), wie sie oben geschildert wurden, wenig fruchten. Testen Sie sich selbst: Wenn Sie es fertigbringen, drei Minuten bei geschlossenen Augen ununterbrochen das geistige Bild eines Gegenstandes vor Augen zu haben, dann sind Sie schon gut. In der Regel verschwindet ein solches Bild bereits nach einigen wenigen Sekunden! Um mit inneren Bildern bzw. Meditationsinhalten das kollektive Bewußtsein positiv zu beeinflussen, ist es natürlich wünschenswert, wenn die Teilnehmer einer solchen Gruppe in der

Lage sind, die Bilder über einen längeren Zeitraum aufrecht-
zuerhalten.

Im modernen Sprachgebrauch spricht man im Zusammenhang damit, daß einzelne das Bewußtsein aller beeinflussen
können, von »morphogenetischen Feldern«. Damit will man
zum Ausdruck bringen, daß es offensichtlich aufgrund von
Beobachtungen und Forschungsergebnissen eine Beeinflussung von Wesen der gleichen Gattung untereinander über
große Entfernungen gibt, ohne daß ein direkter oder indirek-
ter Kontakt stattgefunden hätte.

Biologen hatten in diesem Jahrhundert festgestellt, daß
Tiergattungen auch über weite Entfernungen hinweg Verhal-
tensmuster austauschen können. Die Forschungen legten die
Vermutung nahe, daß sie über einen gemeinsamen Bewußtseinsbereich verfügten, der jedem Tier dieser Gattung zugänglich war. Änderungen im Verhalten eines Tieres führten
nicht nur zu Verhaltensänderungen seiner lokalen Gruppe,
sondern auch von Tieren, die z. B. auf einer weit entfernten
Insel zu Hause waren.

Gern zitiertes Beispiel ist der Affe, der lernt, seine Banane
auf eine andere Weise als bisher zu schälen, und der plötzlich
von weit entfernten Affen, zu denen er keinen Kontakt hat,
nachgeahmt wird. Beim Menschen ist in diesem Zusammenhang das Phänomen interessant, daß häufig identische Erfin-
dungen gleichzeitig an mehreren Orten der Erde gemacht
wurden, obwohl die Erfinder keinen Kontakt zueinander hatten. Für dieses Phänomen prägte man den Begriff morpho-
genetische Felder. Beim Menschen könnte man dies auch
als Kollektivbewußtsein bezeichnen. Wenn Sie an den Forschungsergebnissen und Erkenntnissen in diesem Zusammenhang interessiert sind, seien Ihnen die Bücher von Rupert
Sheldrake empfohlen.

Daß das Bewußtsein eines Menschen direkt das eines anderen bzw. das gesamte gemeinschaftliche Bewußtsein beeinflussen kann, ist übrigens nicht erst seit der Entdeckung der besagten Biologen in diesem Jahrhundert bekannt. Die esoterischen Lehren des Altertums, z. B. die überlieferten Schriften Indiens, sagen genau das gleiche: Es sei eine Illusion zu glauben, daß wir als menschliche Wesen geistig voneinander getrennt sind. Jeder einzelne beeinflußt das gesamte menschliche Bewußtsein, und das kollektive Bewußtsein beeinflußt wiederum jeden einzelnen. Und auch in diesem Jahrhundert war der Tiefenpsychologe C. G. Jung ein Vertreter der Theorie, daß uns Menschen ein gemeinsamer Bewußtseinsbereich verbindet, den er das kollektive Unbewußte nannte.

Dies zeigt uns, unabhängig von unserer Diskussion um das Internet, daß wir die Möglichkeit haben, alle Geschehnisse um uns herum geistig zu beeinflussen. Es ist lediglich eine Sache der Gedanken- und Konzentrationskraft, welche Wirksamkeit wir entfalten können und wie weit der Aktionsradius reicht! Denken Sie bitte daran: Wenn Sie die Trends der Zeit inklusive des Internets auf diese Weise geistig in eine positive Richtung lenken wollen, dann sollten Sie *nicht gegen* irgend etwas kämpfen, sondern Ihre Aufmerksamkeit ausschließlich dem gesellschaftlich und menschlich *Wünschenswerten* geben.

Sie müßten sich dann im positiven Sinne ganz konkret darüber Gedanken machen, wie z. B. die Kommunikation mit Ihren Mitmenschen aussehen soll, wie Ihre Privatsphäre geschützt bleibt, wie Sie ohne Kreditkarte und Internet wirtschaftlich unabhängig bleiben und wie Sie diejenigen, die Sie mit einem Chip brandmarken wollen, in ihre Schranken weisen. Auch müßten Sie wissen, wie man aus hehren Prinzipien wie zum Beispiel dem Ideal der menschlichen Freiheit Meditationsinhalte ableitet, die man dann in Gruppenmeditatio-

nen verwenden kann. Als Anleitung ist auch hierzu das Buch
»The Magical Battle of Britain« sehr empfehlenswert.

Die »Gegenseite« ist organisiert und schlagkräftig und
kämpft mit allen zur Verfügung stehenden Mitteln. Sollten
Sie sich dafür entscheiden, einen Impuls dagegen zu setzen,
müssen Sie im positiven Sinne genauso schlagkräftig werden
und sich systematisch mit anderen zusammen organisieren.
Das Unbehagen, das wir fühlen, reicht alleine nicht aus, um
Veränderungen in Gang zu setzen. Wenn Sie sich betroffen
oder bedroht fühlen, wenn Sie eine Fehlentwicklung oder
eine Einschränkung Ihrer Freiheit erwarten, dann sollten Sie
in Erwägung ziehen, Stellung zu nehmen und aktiv zu werden.

# Informationsgesellschaft oder Orwells Horrorvision?

Die Vision George Orwells, eine durch Technik total überwachte Gesellschaft, ist noch nicht Wirklichkeit. Aber wir bewegen uns in Riesenschritten in diese Richtung. Wir werden mit fadenscheinigen Argumenten vor den Bildschirm gelockt, weg von eigener Besinnung, von der Auseinandersetzung mit unseren Mitmenschen, weg von sozialem Engagement. Die Vereinsamung der Menschen ist vorprogrammiert. Das diktatorische Prinzip »teile und herrsche« wird hier mit großem Engagement weltweit durchzusetzen versucht.

Der reale Kontakt mit der Welt soll zunehmend durch den virtuellen Kontakt über den Bildschirm ersetzt werden. Das eigene Denken wird gelähmt, denn nur durch echte Aktivität würde es wirkungsvoll belebt werden können. Das intellektuelle Denken wird passiver, unsere Seele wird zum Zuschauer der Welt. Es entwickelt sich eine Beziehungslosigkeit zur realen Welt. Bei ständigem Bildschirmkontakt »wird das Herz träge, das Mitleid erstirbt, das Gewissen schläft ein, der Realitätsbezug des Denkens geht verloren«.[1]

---

[1] Peter Tradowsky: Christ und Antichrist

Ein interessantes soziales Phänomen ist das Entstehen virtueller Städte im Internet. Dies sind künstliche Gebilde im Hyperraum[2], in denen reale Städte über den Bildschirm vorgegaukelt werden. Es gibt in diesen Städten Menschen, Büros, Geschäfte, Stadtverwaltungen, einfach alles, was ein Stadtleben ausmacht. Ein Internet-Surfer kann Mitglied einer solchen Stadtgemeinschaft werden und dort auch in verschiedene Rollen schlüpfen und mit anderen Menschen der Stadt kommunizieren. Die Befürworter solcher virtuellen Städte argumentieren, daß auf diese Weise trainiert werden kann, wie man sich auf unterschiedliche Weise in einem Sozialraum verhalten kann. Es wird aber übersehen, daß hier eine reale Betätigung im sozialen Umfeld durch eine virtuelle ersetzt wird. Im Klartext heißt das: Es passiert nichts! Dem Internet-Benutzer wird die Illusion vermittelt, sich im Stadtleben aktiv zu betätigen, in Wahrheit aber spielt er mit einem Programm. Ob einer solchen Spieltätigkeit die echte Aktivität im Realen folgt, ist zu bezweifeln.

Einige Politiker sind der Ansicht, daß wir uns in einem spannenden Prozeß befinden, der von der Basis aus gesteuert wird. Sie bezeichnen den Beginn der Informationsgesellschaft als eine Bottom-Up-Revolution, das heißt eine Revolution »von unten herauf« (so der Vorsitzende der Enquete-Kommission »Zukunft der Medien in Wirtschaft und Gesellschaft«, Siegmar Mosdorf). Veränderungen wären früher von Eliten ausgegangen.

Erst einmal ist die Behauptung unrichtig, daß Revolutionen oder tiefgreifende Veränderungen immer von Eliten ausgegangen wären. Das trifft weder auf die Französische Revolution zu noch auf die politischen Umwälzungen in anderen

---

[2] eine gedachte, abstrakte Welt, die erst durch Programme im Internet möglich wird

Staaten dieser Erde. Lediglich grundlegende Veränderungen im Weltbild der Menschheit sind von großen Denkern wie zum Beispiel denen der Aufklärung oder von Wissenschaftlern, übrigens auch von Musikern, mitgeprägt worden.

Zum anderen ist die Tatsache, daß sich vor allem die jüngere Generation mit Begeisterung des Internets bedient und neue Wege der Kommunikation findet, kein Anzeichen für eine Revolution von der Basis. Das Tooling hierfür wird gezielt auf den Markt geworfen, und zwar von denen, die eindeutig unlautere Absichten damit verfolgen, nämlich um einen weltweiten Kontrollapparat aufzubauen. Der Leitspruch hierfür wäre etwa: »Einen Bildschirm für alle, und ihr sitzt in der Falle!« (Zitat eines aktiven Regimekritikers)

Andere Politiker und Wissenschaftler, wie der Rechts- und Wirtschaftswissenschaftler Bernd-Peter Lange, befürchten eine Spaltung der Gesellschaft in *have* und *have-nots*, also solche, die einen Internet-Zugang haben, und solche, die ihn nicht haben. Diese Befürchtung wurde auch vom Club of Rome im Jahre 1997 ausgesprochen.[3] Äußerungen dieser Art sind nur Hinweise auf Scheinprobleme, die die wirklichen Machenschaften verschleiern sollen, denn einige Autoren meinen, daß auch der Club of Rome nicht das ist, was er zu sein vorgibt.[4] Es wird doch weltweit daran gearbeitet, z. B. durch kostengünstige Geräte, jedem Menschen den Internet-Anschluß schmackhaft und erschwinglich zu machen. Fernseher bekommen Internet-Fähigkeiten, PCs werden als Fernseher brauchbar, und Telefone werden mit einem Bildschirm für Internet-Zugang ausgerüstet – so vorgestellt auf der Computermesse Cebit 1998 in Hannover.

Wie Gefahren bei uns heruntergespielt werden und wie

---

[3]  Spektrum der Wissenschaft, Dossier 1/98, S. 109
[4]  William Cooper: Behold a Pale Horse

überhaupt generell mit Gegenargumenten für neue Techniken umgegangen wird, entnehmen wir einem Interview mit dem Telekom-Chef Dr. Ron Sommer in der Zeitschrift »Hör zu« 36/97:

> »Diese ganze Aufregung ist typisch deutsch. Wir müssen wirklich aufpassen, daß wir die Chancen, Deutschland zu einer global führenden Nation der Telematik[5] zu machen, nicht verspielen. Aus reiner Diskussionsgier über mögliche Gefahren sollten wir die Chancen auf neue Arbeitsplätze nicht gefährden. Japaner und Amerikaner sind da ganz anders. Die fragen nie danach, ob ein neues System das alte ersetzt, sondern setzen sich damit auseinander, welche erweiterten Anwendungsmöglichkeiten die neue Technologie bietet. Und Gefahren werden dann bekämpft, wenn sie konkret sind.«

Die zitierten Argumente sind ausgesprochen leicht zu durchschauen und werden leider immer dann angebracht, wenn Gegenargumente gegen eine neue Technologie im Keim erstickt werden sollen:

1. Mit der Äußerung »typisch deutsch« werden zuerst alle Diskussionsgegner abqualifiziert, die Amerikaner dagegen als die Besseren hingestellt.
2. Das Argument »neuer Arbeitsplätze« wurde auch für Rüstungsfabriken verwendet, in denen Panzer und Munition hergestellt wurden, und hat also nichts mit den positiven oder negativen Auswirkungen der Technik selbst zu tun.
3. Und die Einstellung, mögliche Gefahren herunterzuspielen

---

[5] zusammenfassender Begriff für: Telefon, Fernsehen, Telemedizin, Telearbeit, Telelernen, Verkehrstelematik usw.

und erst dann zu bekämpfen, wenn der Gefahrenfall eingetreten ist, hat besonders nach dem Atomunfall in Tschernobyl wohl kaum noch Gewicht.

Sie sehen hier, wie mit einer durchweg fadenscheinigen Argumentation denjenigen, die auf Gefahren aufmerksam machen wollen, der Wind aus den Segeln genommen werden soll.

Es geht ja auch nicht darum, das Internet und das World Wide Web durchwegs abzuqualifizieren und als gefährlich hinzustellen. Die Sicherheitsrisiken sind bekannt, der Zahlungsverkehr über das Internet wird von allen beteiligten Gruppierungen als problematisch angesehen. Man redet darüber, daß die Privatsphäre zu schützen ist. (Was aber praktisch nicht durchführbar ist, wie wir im Kapitel »Sicherheit durch Verschlüsselung?« deutlich gemacht haben.) Es geht vielmehr darum zu erkennen, daß hier eine Technologie geschaffen wird, die unser gesamtes Leben durchdringen und verändern wird. Die Privatsphäre aller Menschen ist in Gefahr, der berühmte »gläserne« Bürger wird hier grausame Wirklichkeit, wenn wir nicht gegen einige dieser Entwicklungen angehen.

Aber nicht nur der einzelne ist vom Internet und den begleitenden Entwicklungen betroffen. Alle Staaten dieser Erde werden durch das Internet gezwungen, ihre Rolle neu zu überdenken oder sogar zu einem neuen Selbstverständnis zu finden. Jeder Staat bezieht bislang einen Teil seiner Legitimation aus seiner ordnungstiftenden und schützenden Funktion. In einem Staat mit einer sogenannten freiheitlichen Grundordnung wie dem unsrigen entsteht ein Konflikt zwischen seinen Bestrebungen, den Mißbrauch der neuen Medien zu verhindern, einer neuen Kriminalität einen Riegel vorzuschieben, und andererseits seiner eigenen Maßgabe, die Freiheit des Individuums und den Schutz der Privatsphäre weitestgehend zu gewährleisten. Ein Ex-Chef eines deutschen Internet-Providers formulierte den Konflikt folgendermaßen: »Es bleibt eine Gratwanderung zwischen berechtigtem Interesse von Staat und Wirtschaft und der individuellen Freiheit im Netz«.[6]

Wie stark aber unsere Freiheiten ohnehin schon eingeschränkt sind, ersehen Sie aus der Übersicht im Kapitel »Wieso bald jeder Nachrichtendienst weiß, wo Sie sich befinden«. Totalitäre Staaten werden hier nicht in Konflikte geraten, wohl aber versuchen, den Internet-Gebrauch entweder zu verhindern oder alle ihnen zur Verfügung stehenden Kontrollmechanismen zu verwenden. Ein Nationalstaat muß sich auf höchste Weise verunsichert fühlen, wenn ein neuer Sozialraum entsteht, der nicht mehr nationalen, sondern globalen Charakter hat und sich außerdem staatlicher Kontrolle weitgehend zu entziehen versucht.

Alle Kontrollmechanismen, die wir in diesem Buch geschildert haben und die in Zukunft mit Sicherheit zunehmen werden, haben ja ihren Ursprung darin, daß ein Staat aus zunehmendem Ohnmachtsgefühl heraus versucht, alle Vorgänge auf seinem Territorium zu überwachen. Ein inhärenter Bestandteil eines Machtgefüges ist immer die Angst, es könne die Macht verlieren. Das Internet ist trotz aller Kontrollmöglichkeiten ein wahrer Alptraum für einen Nationalstaat.

Das Netz ist ein chaotisch wachsendes Gebilde, es gibt keine offizielle Institution, die man zur Verantwortung ziehen oder reglementieren könnte. Millionen von Anbietern und Nutzern wären zu überwachen. Ein Teil der geschilderten Schutzmaßnahmen besteht ja auch darin, seinen Datenverkehr über sogenannte Anonymisierungsrechner abzuwik-

---

[6] Konrad 3/98, S. 18

keln, so daß die beteiligten Personen im Hintergrund bleiben und damit für den staatlichen Zugriff schwerer auffindbar werden.

Nicht nur die globalen privaten Vernetzungsmöglichkeiten stellen ein Problem für heutige Staatsgebilde dar, sondern auch die zunehmende Kommerzialisierung des Netzes und die Gründung von virtuellen Firmen und Abwicklung von geschäftlichen Transaktionen über Staatsgrenzen hinweg. Dies als neue Herausforderung für Export- und Importkontrolle, Polizei, Nachrichtendienste und Finanzbehörden zu bezeichnen, wäre untertrieben.

Es gibt plötzlich zwei Welten, eine reale und eine virtuelle. Beide will man kontrollieren und überwachen. Da ist es doch ein logischer Schritt, möglichst schnell den Übergang von der realen in die virtuelle Welt zu bewerkstelligen, will heißen, alle Vorgänge des wirtschaftlichen und gesellschaftlichen Lebens möglichst bald und vollständig über das Internet abzuwickeln. Eine virtuelle Welt in einem Rechnernetz läßt sich leichter automatisch überwachen als die reale Welt. Die heutige Kontrolle beider Welten bindet zu viele Ressourcen (Geld, Rechner und Menschen).

Eine wirkliche und durchgreifende Machtausübung können sich die Staaten eigentlich nur noch dadurch sichern, daß sie sich auf global gültige Regeln einigen bzw. die Staaten zusammenwachsen lassen, wie dies ja auch von Vertretern der »Einen Welt« gefordert wird. Die Frage bleibt offen, ob dieser Weltenstaat ein totalitärer Überwachungsstaat wird oder eine Organisation, die ihre Bürger schützt und ihnen dient.

Ob die Kontroll- und Überwachungsmöglichkeiten tatsächlich genutzt werden, sei dahingestellt. Fakt ist aber, daß Sie persönlich sehr bald bis ins kleinste Detail überwachbar sind. Denken wir an das gestürzte Regime der ehemaligen

DDR, dann wissen wir, daß leider viel zu viele Menschen (die übrigens immer noch unter uns sind) sich von einem Geheimdienst einspannen lassen, um ihre Mitbürger zu überwachen. Schon dort durfte man nirgends laut sagen, was man wirklich über den Staat oder auch andere Themen dachte. Was hätte der Geheimdienst der DDR triumphiert, wenn er ein Werkzeug wie das Internet gehabt hätte und die Möglichkeit, alle Provider des Netzes und alle E-Mails zu überwachen!

Freier Zugang zu einer unbegrenzten Informationsmenge ist etwas, was man den Menschen schmackhaft machen möchte. Der Staat und die Wirtschaft möchten anscheinend dem Bürger etwas Gutes, nämlich mehr Information, zukommen lassen. Seit wann – und das frage ich in aller Klarheit – ist ein Machtapparat, sei es der Staat oder ein Wirtschaftskonzern, daran interessiert, Menschen mit guten Dingen zu verwöhnen? An erster Stelle steht die Aufrechterhaltung eines Machtgefüges, an zweiter Stelle Umsatz und Gewinn.

Haben Sie einmal darüber nachgedacht, daß Informationsmangel gar nicht die Hauptschwierigkeit ist, in der wir als Menschheit stecken? Ist es nicht viel wichtiger, eigenverantwortliches Handeln zu entwickeln, bei unseren Kindern alle seelischen Qualitäten weitestmöglich zu entwickeln und die Informationsflut, mit der unsere Schüler und Studenten schon heute konfrontiert werden, durch etwas anderes zu ersetzen, nämlich durch mehr Kenntnis ihrer eigenen Psyche, die Fähigkeit, konstruktiv mit Konflikten umzugehen, Ausbildung künstlerischer Begabungen und mehr Willen zum sozialen Engagement? Ganz abgesehen von der spirituellen oder religiösen Verkümmerung, unter der wir heute leiden?

Wenn wir überhaupt mehr Informationen und mehr Wissen brauchen, dann über uns selbst. Wir sollten erkennen, was unsere eigenen Impulse sind und was fremdgesteuert ist. Wir sollten den Mut entwickeln, unseren eigenen Impulsen zu folgen, statt immer mehr Manipulation in uns eindringen zu lassen. Schon Zeitungen und Fernsehen haben dazu geführt, daß die Meinungen aller gleichgeschaltet werden, daß alle über bestimmte Fakten informiert, über andere aber, vielleicht viel wichtigere, im unklaren gelassen werden.

Der scheinbare Aufbruch in die (Informations-)Freiheit, das Abschütteln aller Informationsengpässe, der ungehinderte Zugang für jeden zu globalem Wissen ist ein bewußt in Kauf genommener Schritt, ein Schritt, der für die Herrschenden nötig war, um die Menschheit als Ganzes kontrollieren zu können. Rudolf Bahro, inzwischen verstorbener DDR-Systemkritiker und zuletzt Professor an der Berliner Humboldt-Universität, warnte vor »technokratischen Phantasien... die alle von der Informationsgesellschaft statt von einem Reich des Menschen ausgehen«.

Freier Zugang zu Wissen aller Art war eigentlich noch nie etwas, das die Mächtigen dieser Welt begeisterte. Bisher war die Menschheit am besten dadurch zu kontrollieren, daß man die verfügbaren Informationen zensierte und das Bildungsniveau möglichst vieler Länder niedrig hielt. Da sich diese Strategie nicht mehr so gut wie früher aufrechterhalten läßt, ködert man die Menschheit mit dem Gegenteil, totaler Informationsfreiheit. Der Preis ist ein totaler Kontrollmechanismus.

Das Internet im Zusammenspiel mit den heute unzähligen Fernsehkanälen schafft ein Szenario, das alle Menschen vor den Bildschirm locken soll. Das Ziel ist das Ausschalten des unabhängigen Denkens, der Eigeninitiative und des unabhängigen Handelns. Die Möglichkeit, die gesamte Menschheit beschäftigt zu halten, indem man Spieltrieb und Erlebnishunger systematisch über den Bildschirm befriedigt, bezeichnete Brzezinski (ehemaliger Sicherheitsberater des US-Präsidenten Jimmy Carter) in einer 1995 gehaltenen Rede als die moderne Auflage des altrömischen Herrschaftsprinzips *panem et circenses* (Brot und Spiele), mit dem das Volk bei Laune gehalten wurde. Er nannte die neue Version »tittytainment«, ein Wortspiel aus den englischen Wörtern entertainment (Unterhaltung) und tits (Brüste, stellvertretend für Ernährung). Man müßte die frustrierte Weltbevölkerung nur ausreichend ernähren und für betäubende Unterhaltung sorgen. Das würde alle bei Laune halten und schafft den Freiraum, den die herrschende Klasse gerne hätte, um ihre Machtziele zu verwirklichen.

Manche Eltern sind inzwischen schon besorgt, daß ihr Nachwuchs den Anschluß verpassen könnte, und sie schicken ihre vierjährigen Kinder statt in einen Kindergarten in eine Computerschule. Das Ganze heißt »edutainment«, zusammengesetzt aus den englischen Begriffen entertainment (siehe oben) und education (Erziehung). Daß bereits kleine Kinder sehr schnell lernen und auch mit Computerspielen nicht überfordert sind, steht außer Frage. Die wirkliche Frage aber ist, ob man schon die Welt der »Kleinen« auf einen rechteckigen Bildschirm eingrenzen sollte. Als Schüler werden sie noch früh genug mit Computern und dem Internet konfrontiert.

Im Zusammenspiel mit der Industrie wird dafür gesorgt, daß jeder in seinem Wohnzimmer einen Internet-Zugang besitzt. Im Zuge der Versorgung mit den Internet-Endgeräten (heute noch PCs oder Fernseher) werden allmählich mehr und mehr Vorgänge des Alltags über das Internet verfügbar gemacht. Der entscheidende Schlag kommt dann, wenn entschieden wird, daß für alle Arten der Kommunikation und des Kaufs nur noch das Internet verwendet wird. Dann

»hängt« jeder am Haken der Kontrolle. Es geht auf dieser Erde schon seit jeher um Macht und Kontrolle. Mit dem Internet und den Multifunktionsgeräten, die den Netzzugang ermöglichen, legen wir die Basis für George Orwells Horrorvision!

Sicherlich sind das Internet, die Computervernetzung und die implantierbaren Chips nicht das einzige Thema, das vielen unter uns Sorgen machen könnte und das in der Johannes-Apokalypse angesprochen scheint. So lesen wir in den Nachrichten der Weltföderalisten in Deutschland, dem WFM-Newsletter, Januar 98: »Zum Ende des zweiten Jahrtausends scheint es vielen abendländisch geprägten Menschen, als würden die Bilder aus der Johannes-Apokalypse nicht nur real, sondern (als Bestandteile einer grenzenüberschreitenden Phänomenologie) auch global werden.«

Die Veränderungen kommen Schritt für Schritt. Das Tempo ist so gewählt, daß sich kein oder nur geringer Widerspruch regt. Das ist, wie auch bei der Umweltverschmutzung, ein fatal wirkendes Prinzip. Die Veränderungen zum Schlechten gehen so langsam vor sich, daß unser Protest nicht massiv wachgerufen wird. Psychologen haben herausgefunden, daß ein Protest oder der Wille, gegen eine Entwicklung anzugehen, erst dann entsteht, wenn wir einer bestimmten Stärke der Veränderung oder einem bestimmten Tempo ausgesetzt werden. Liegt der Reiz unterhalb dieser Schwelle, nehmen wir die Veränderungen hin. Die schlechte Qualität der Luft, die wir atmen, oder des Wassers, das wir trinken, wären schon seit langem ein Grund, aus Protest auf die Straße zu gehen und zu demonstrieren. Die schleichende Geschwindigkeit der Verschlechterung hat aber dazu geführt, daß wir uns herzlich wenig darum kümmern (Organisationen wie Greenpeace und andere Engagierte ausgenommen).

Der Gebrauch des Internets beinhaltet die Gefahr, daß der Mensch vor dem Bildschirm ein willenloses Werkzeug des Systems wird, manipulierbar und kontrollierbar. Wenn Sie also das Internet benutzen wollen, sollten Sie dies mit dem vollen Bewußtsein für die Gefahren tun, denen Sie sich selbst aussetzen und die Sie durch Unterstützung dieses Trends mit heraufbeschwören. So, wie die Machtstrukturen heute auf der Erde beschaffen sind, wäre es ein Wunder, wenn das Internet und das World Wide Web nur zu positiven Zwecken eingesetzt würden. Wir müssen bei dieser Entwicklung nicht mitmachen. Der Vergleich mit einer Schafherde oder mit Lemmingen liegt bei allen nahe, die wie hier einem Massentrend folgen, mit entsprechend fatalem Ergebnis. Albert Einstein drückte es folgendermaßen drastisch aus: »Um ein tadelloses Mitglied einer Schafherde sein zu können, muß man vor allem ein Schaf sein.«

Umgekehrt haben Machtstrukturen beziehungsweise deren führende Kreise vor einem am meisten Angst: der Macht der Persönlichkeit einzelner. Deshalb heißt es zum Beispiel in den Anweisungen für einen alten, noch heute tätigen Geheimbund: »Vor allem müsse die Macht der Persönlichkeit bekämpft werden, da es nichts Gefährlicheres als sie gebe. Wenn diese mit schöpferischen Geisteskräften ausgestattet ist, vermag sie mehr auszurichten als Millionen von Menschen.«[7]

Und zum Abschluß sei noch der Begründer der Anthroposophie, Rudolf Steiner, zitiert: »Das beste Mittel ist, zu versuchen, seine Freiheit zu bewahren, seine gesunde Urteilskraft zu gebrauchen und sich seiner Vernunft zu bedienen.«[8]

Dazu möchte ich Sie aufrufen. Bewahren Sie sich Ihr ge-

---

[7] Coralf: Maitreya, der kommende Weltlehrer, S. 115 ff.
[8] zitiert in: Peter Tradowsky: Christ und Antichrist, S. 19

sundes Urteilsvermögen, wagen Sie es auch einmal, kritische Worte zu finden, trotz aller Technikbegeisterung um Sie herum. Bleiben Sie Ihrer Lebensgestaltung, Ihrem eigenen Denken, Ihren Gefühlen und Ihrer Intuition treu.

Für die Zukunft wünsche ich Ihnen alles Gute.

## Letzte Meldung

Wie so oft holt uns die Realität schneller ein, als wir uns das vorstellen. Einige der in diesem Buch geäußerten Befürchtungen über Entwicklungen, die auf uns zukommen, sind bereits kurz nach Fertigstellung des Manuskriptes Realität geworden.

In der Fernsehsendung »Plus-Minus« des Ersten Deutschen Fernsehens am 14. 4. 98 wurde im Zusammenhang mit dem Thema »Wirtschaftsspionage« von den Geheimdienstaktivitäten der USA bei uns in Deutschland berichtet. Nach den Aussagen der Moderatorin ist die Diskussion um den sogenannten »Großen Lauschangriff« gegenüber dem, was dieser Geheimdienst in Deutschland tut, eine »reine Lachnummer«!

Angeblich werden bei uns seit vielen Jahren *alle* E-Mails, Faxe und Telefonate abgehört. Interessantes wird an die eigene Zentrale weitergeleitet. All dieses geschieht übrigens mit Wissen und Duldung der Bundesregierung, obwohl der deutschen Wirtschaft allein durch die so verübte Wirtschaftsspionage wahrscheinlich jährliche Verluste von ca. 20 Milliarden D-Mark entstehen. Der deutsche Verfassungsschutz darf mit »Rücksicht auf Verbündete« nicht aktiv werden.

# Literatur

AutorInnenkollektiv Keine Panik: Der Kleine Abhörratgeber, Edition ID-Archiv, Berlin, 1996

Franz Bardon: Der Schlüssel zur wahren Kabbalah, Rüggeberg Verlag, Wuppertal, 1998

Ernst Bindel: Die geistigen Grundlagen der Zahlen, Verlag Freies Geistesleben, Stuttgart, 1958

Bill Clinton, Al Gore: Weil es um die Menschen geht. Politik für ein neues Amerika, Econ Taschenbuch Verlag, Düsseldorf, 1992

William Cooper: Behold a Pale Horse, Light Technology Pub., Sedona, USA

Coralf: Maitreya, der kommende Weltlehrer, Konny Müller Verlag, Haan 1991

Dion Fortune: The Magical Battle of Britain, Golden Gates Press, Bradford on Avon, 1993

Dion Fortune: Die mystische Kabbala. Ein praktisches System der spirituellen Entfaltung, H. Bauer Verlag, Freiburg, 1995

Ulrich Kaiser: Handbuch Internet und Online Dienste, Heyne Verlag, München, 1996

Das Neue Testament, Übersetzung von Emil Bock, Verlag Urachhaus, Stuttgart, 1980

Papus: Die Kabbala, Ansata Verlag, Schwarzenberg, 1977

Trevor Ravencroft: Der Speer des Schicksals, Universitas Verlag, München, 1988

Rupert Sheldrake: Das Gedächtnis der Natur. Das Geheimnis der Entstehung der Formen in der Natur, Piper, München, 1993

Rupert Sheldrake: Das schöpferische Universum. Die Theorie des morphogenetischen Feldes, Ullstein Taschenbuch Verlag, Berlin, 1993

Zecharia Sitchin: Die Kriege der Menschen und Götter, Droemer, München, 1991

Zecharia Sitchin: Der zwölfte Planet, Droemer, München, 1995

Rudolf Steiner: Die Apokalypse des Johannes (Gesamtausgabe, Vorträge), Rudolf-Steiner-Verlag, Dornach 1979

Rudolf Steiner: Die Wirklichkeit der höheren Welten. 8 öffentliche Vorträge, Hrsg. v. d. Rudolf-Steiner-Nachlaßverwaltung, Rudolf-Steiner-Verlag, Dornach 1988

Rudolf Steiner: Wo und wie findet man den Geist? 18 Vorträge, Rudolf-Steiner-Verlag, Dornach 1986

Peter Tradowsky: Christ und Antichrist, Verlag am Goetheanum, Dornach, 1996

## Internet-Seiten

www.nachrichtenaufklaerung.de/
www.neptune.on.ca/~jyonge/skincode.htm
www.mondex.com
http://patents.uspto.gov/access/search-num.html (patent no 5638832)
www.xs4all.nl/~avg/666.html
www.prophezine.com/search/database/is41.3.html
www.antioch.com.sg/th/twp/markbeas.html
www.warroom.com/smart.html
www.heartsongs.org/666.htm
http://cnn.com/TECH/computing/9809/02/chippotent.idg/index.html
www.earthnetbbs.com/jbyoung_art/Pcj1-96.asp
www.geocities.com/Athens/Acropolis/4824/chipf.htm
www.geocities.com/Heartland/Pointe/4171/profeticword.html
www.becomingone.org/666/
und:

ca. weitere 360 000 Einträge mit Verweisen auf Internetseiten (Suchbegriff »666«)!

# Kehren Sie den Spieß um:
# Programmieren Sie den PC zu Ihrem Helfer!

Während sich Frank Sunn in »666 – Die Zahl des Tiers im Internet« mit
den Gefahren der aktuellen Entwicklungen um den PC beschäftigt, zeigt
er in seinem neuen Buch erstmalig die Möglichkeit, PCs für unsere
geistig-seelische Entwicklung konkret zu nutzen. Kapitel über Astrologie,
Farbenlehre, I Ging, Runen, Tarot, Subliminals, Numerologie und
schließlich Radionik erläutern konkrete Anwendungsmöglichkeiten.
Der Computer kann Ihr Bewusstsein positiv beeinflussen, Ihr Seelenleben
harmonisieren und Ihre geistige Entwicklung beschleunigen.

Frank Sunn, Der Geist im Computer    21580
*Erscheint im Dezember 2000*

ARKANA

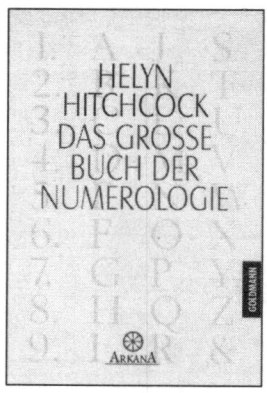

# ARKANA
## GOLDMANN

# Tarot-Bücher von Hajo Banzhaf

Der Crowley-Tarot     21500
als Set mit einem Crowley-
Tarotkarten-Deck:     21537

Das Tarot-Handbuch     21503

Tarot-Deutungsbeispiele     21502

Tarot als Wegbegleiter     21501

# Goldmann • Der Taschenbuch-Verlag

# ARKANA
## GOLDMANN

## Jenseits-Botschaften

Sylvia Browne
Die Geisterwelt ist nicht verschlossen
21567

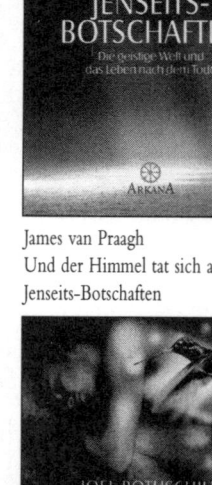

James van Praagh
Und der Himmel tat sich auf.
Jenseits-Botschaften          21569

Sylvia Browne
Jenseits-Leben          21603

Joel Rothschild
Signale          21575

## Goldmann • Der Taschenbuch-Verlag